COMMENT DESSINER

TOUT EN 3D

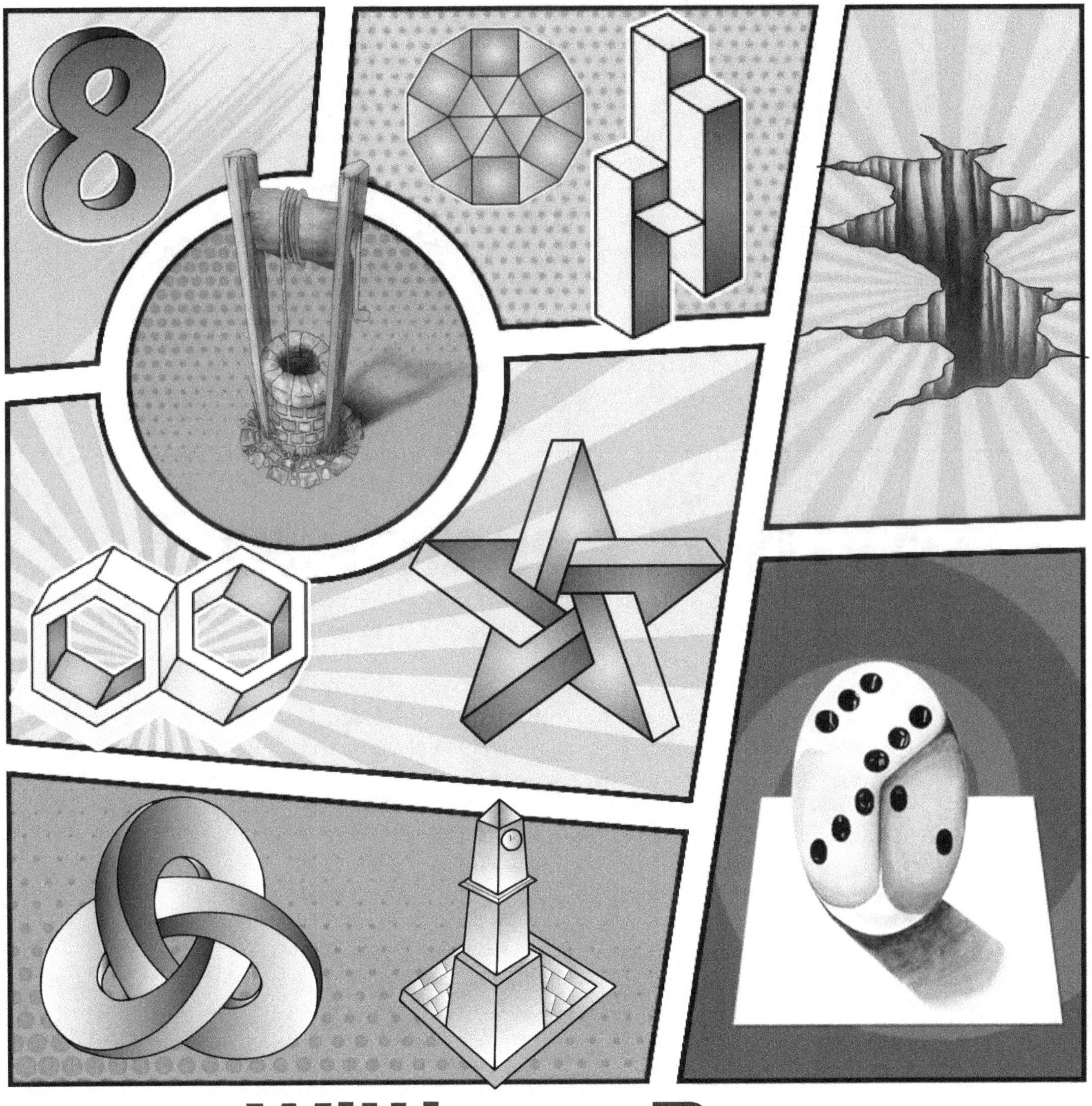

Williams Press

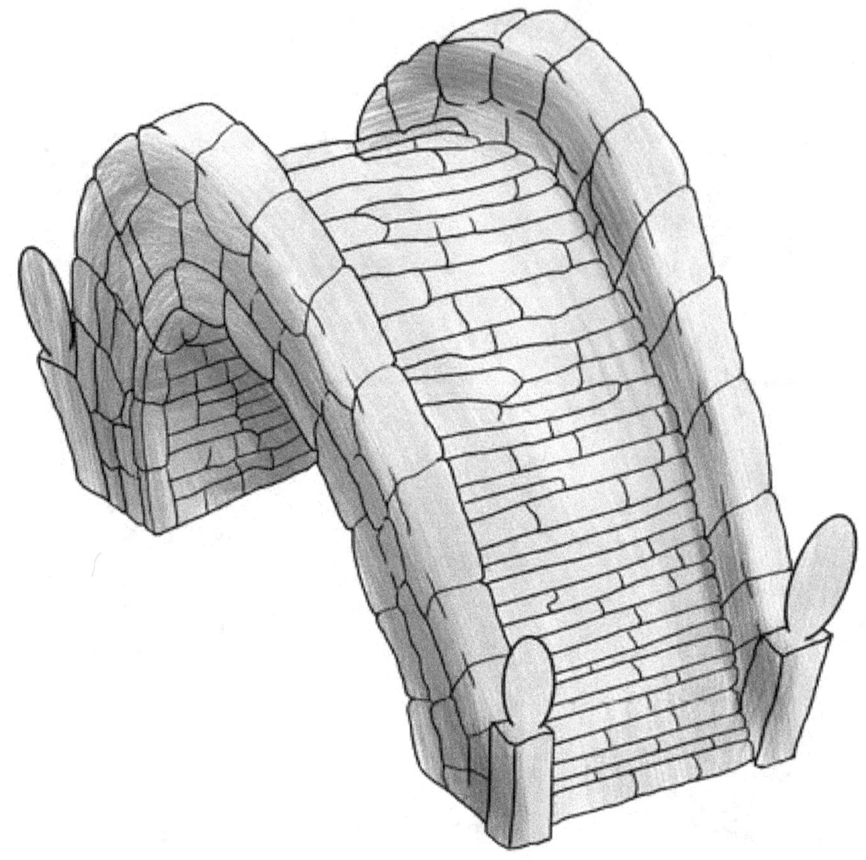

CE LIVRE APPARTIENT À

....

....

TOUT EN 3D

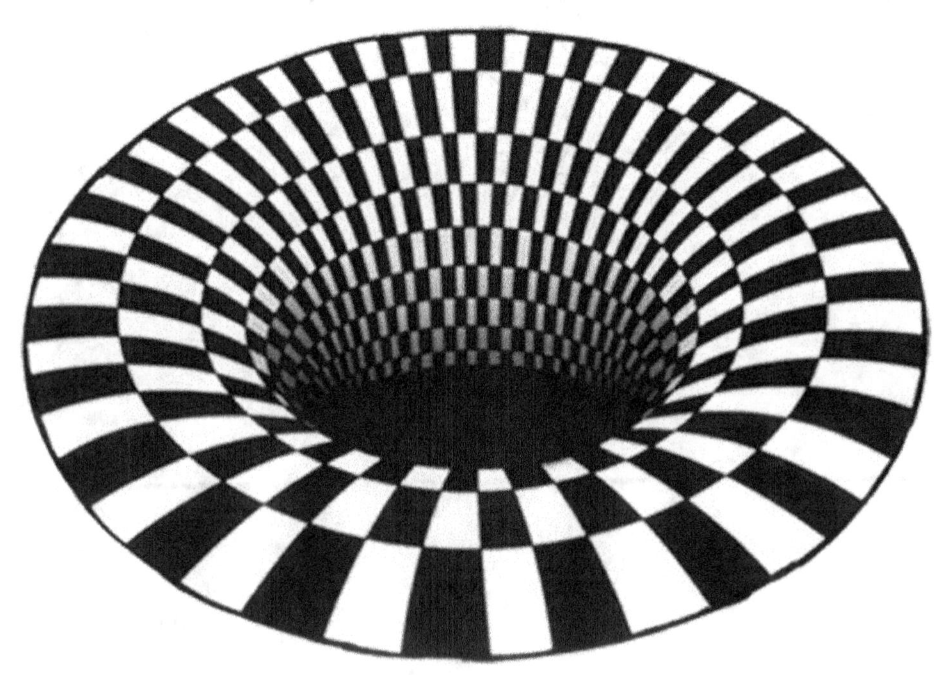

Comment utiliser ce livre,Tout ce dont vous avez besoin pour commencer est un morceau de papier, un crayon et une gomme, mais n'hésitez pas à utiliser n'importe quel outil pour dessiner les personnages.

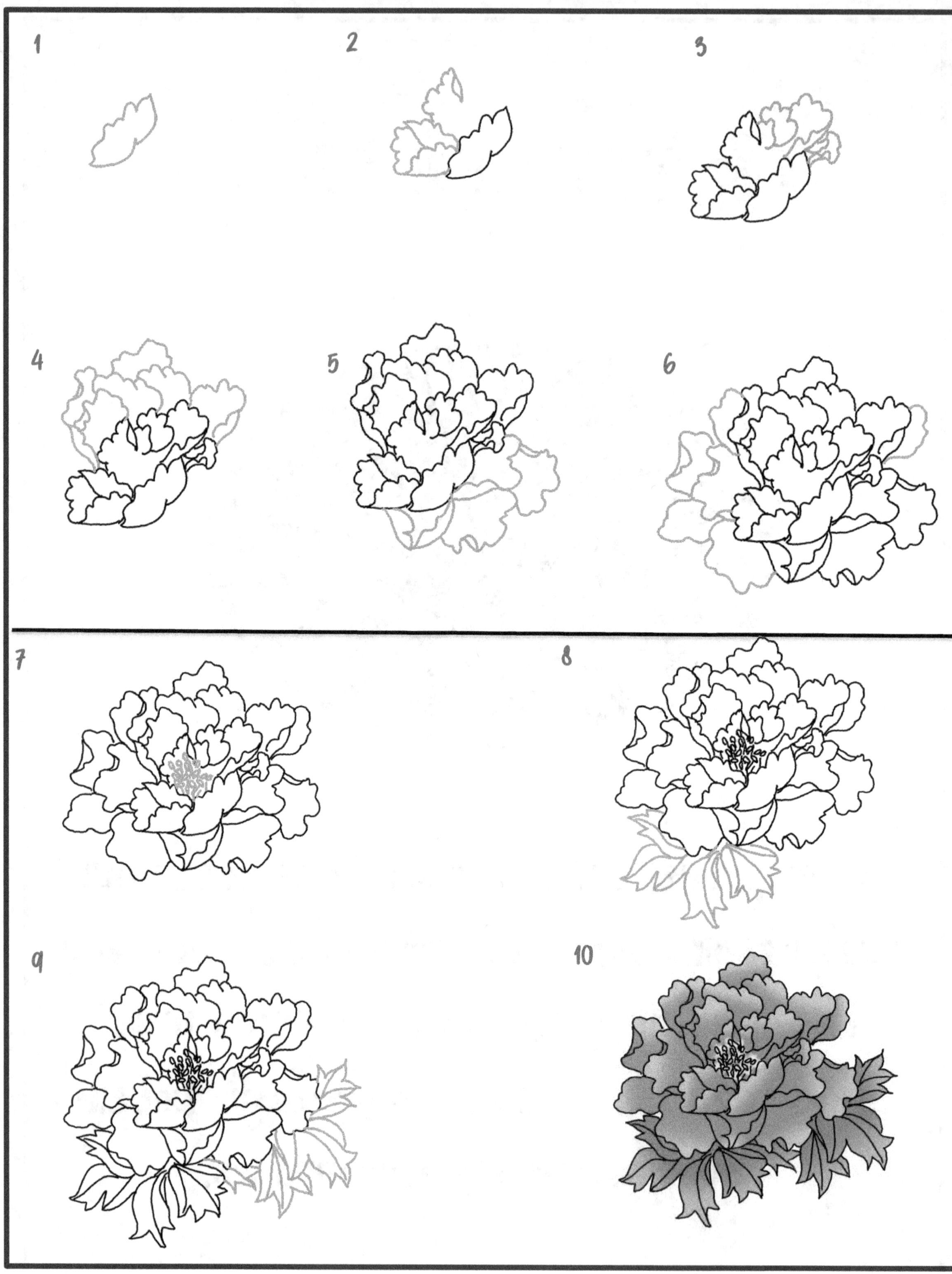
1
2
3
4
5
6
7
8
9
10

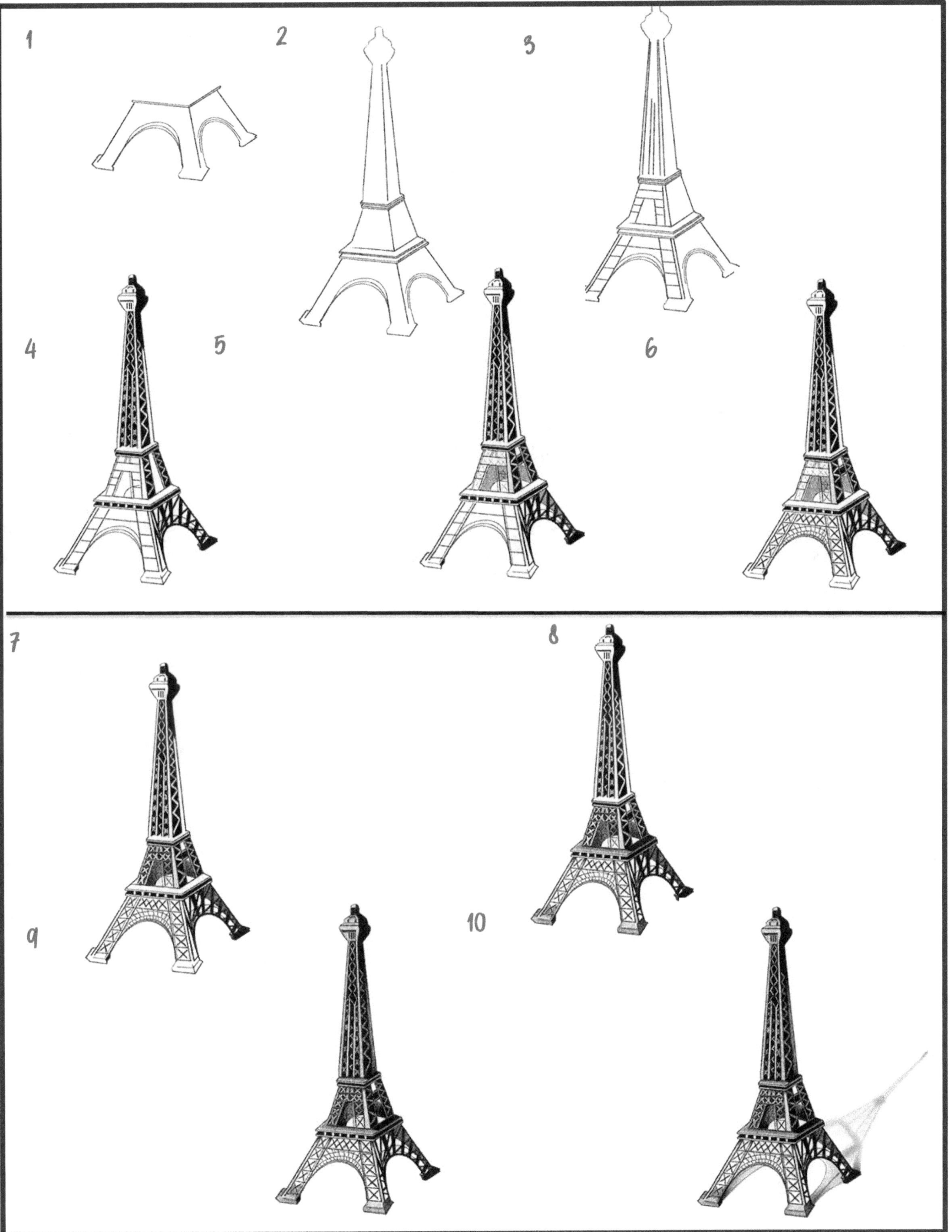
1
2
3
4
5
6
7
8
9
10

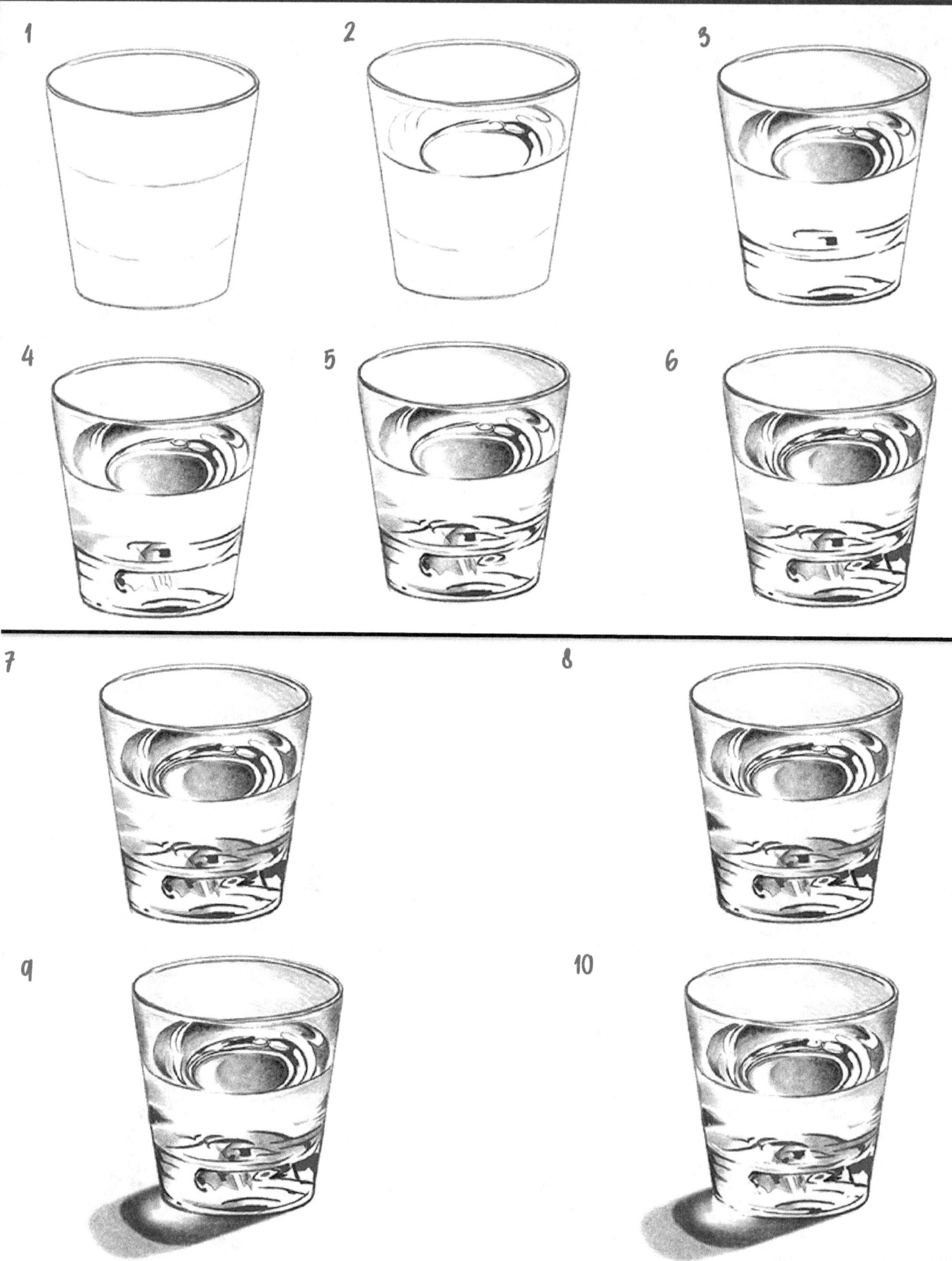
1
2
3
4
5
6
7
8
9
10

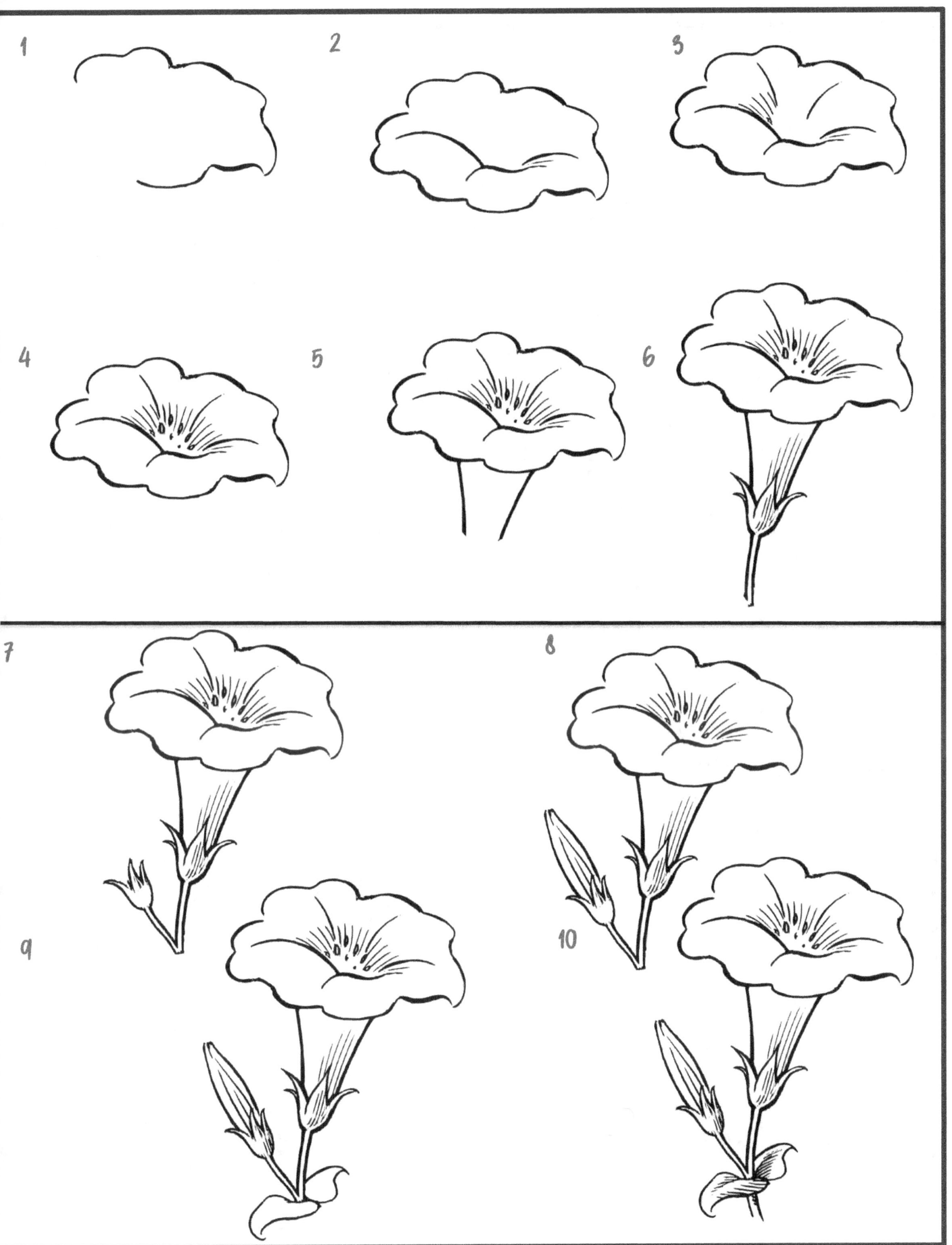
1
2
3
4
5
6
7
8
9
10

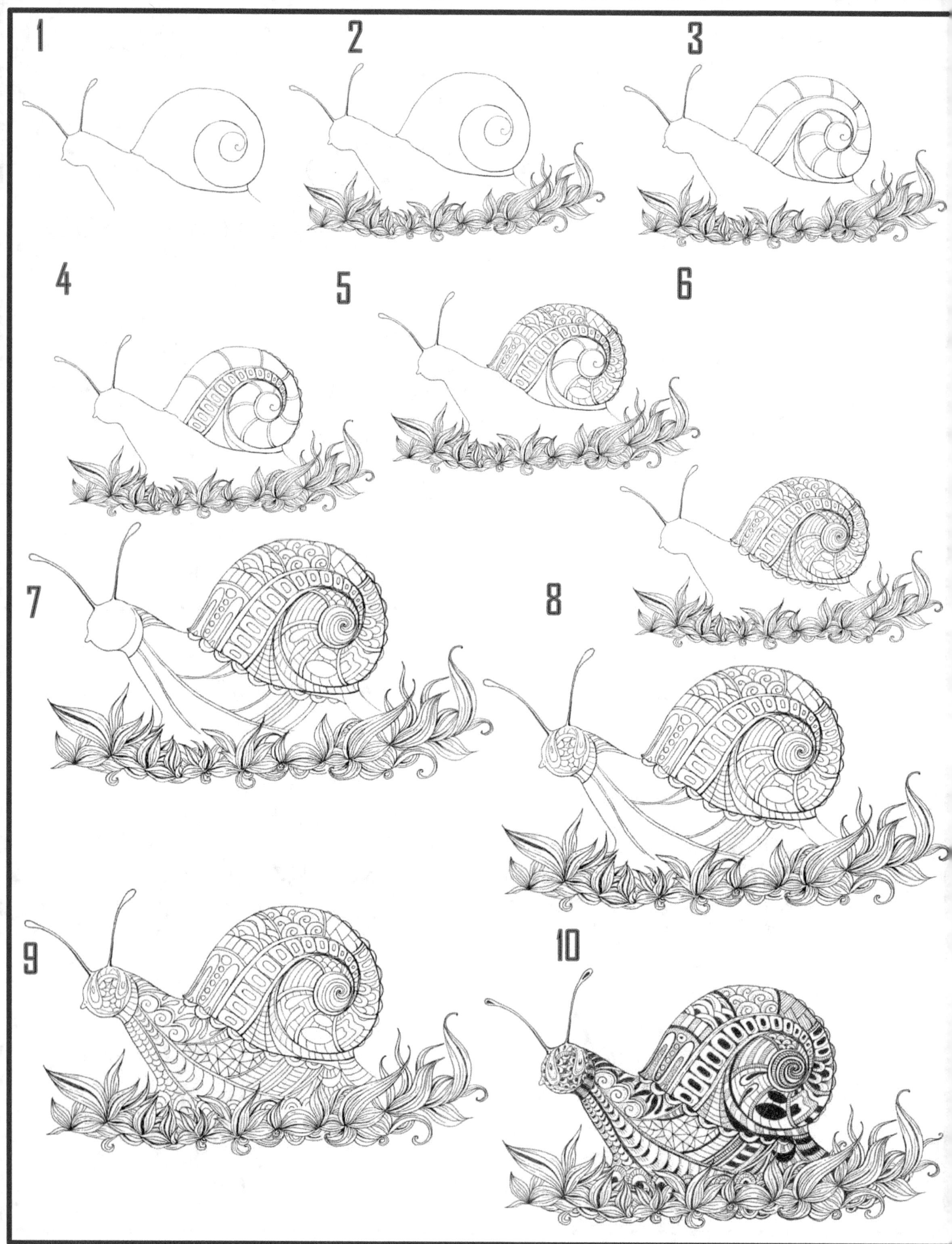

1
2
3
4
5
6
7
8
9
10

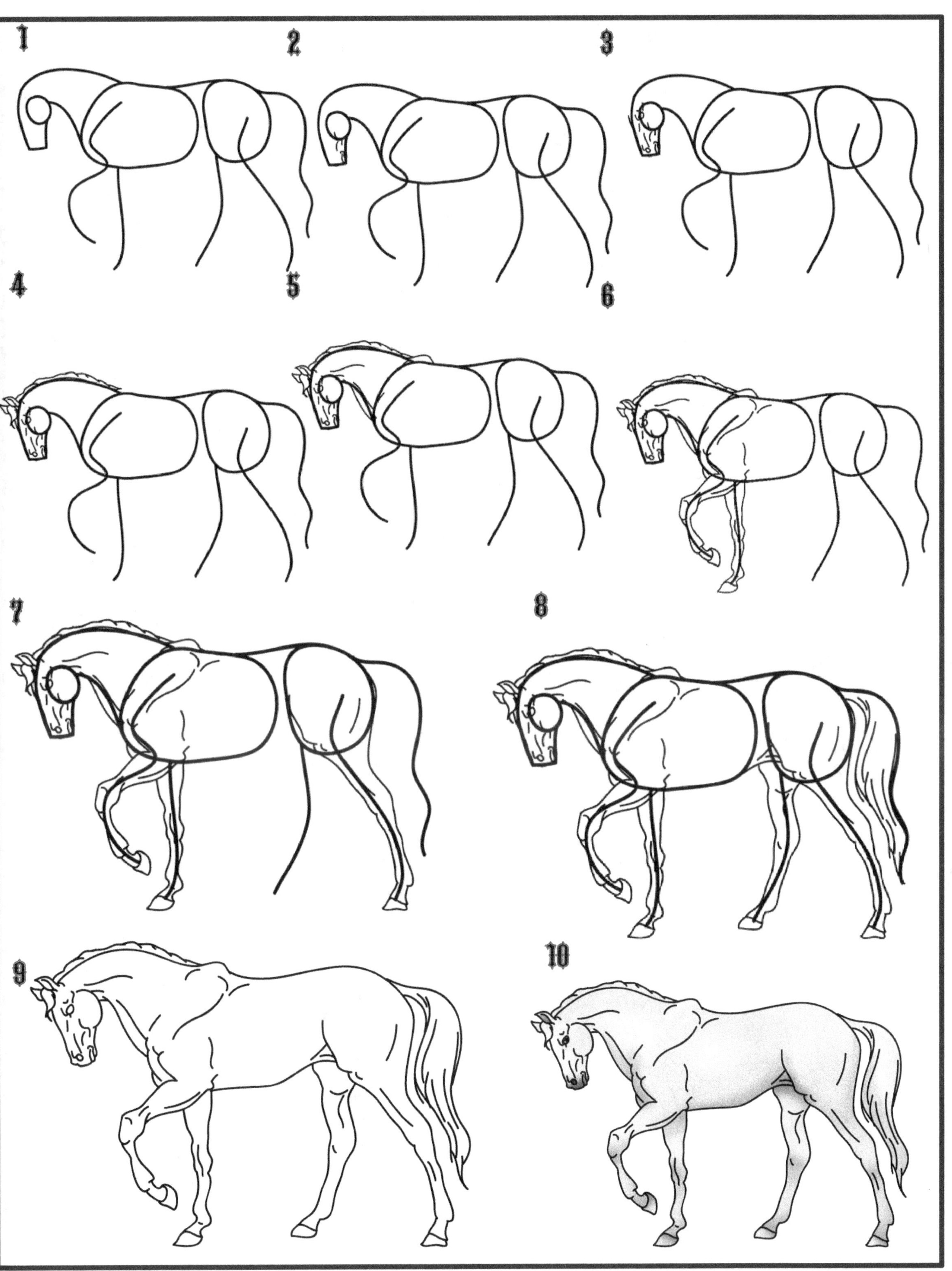
1
2
3
4
5
6
7
8
9
10

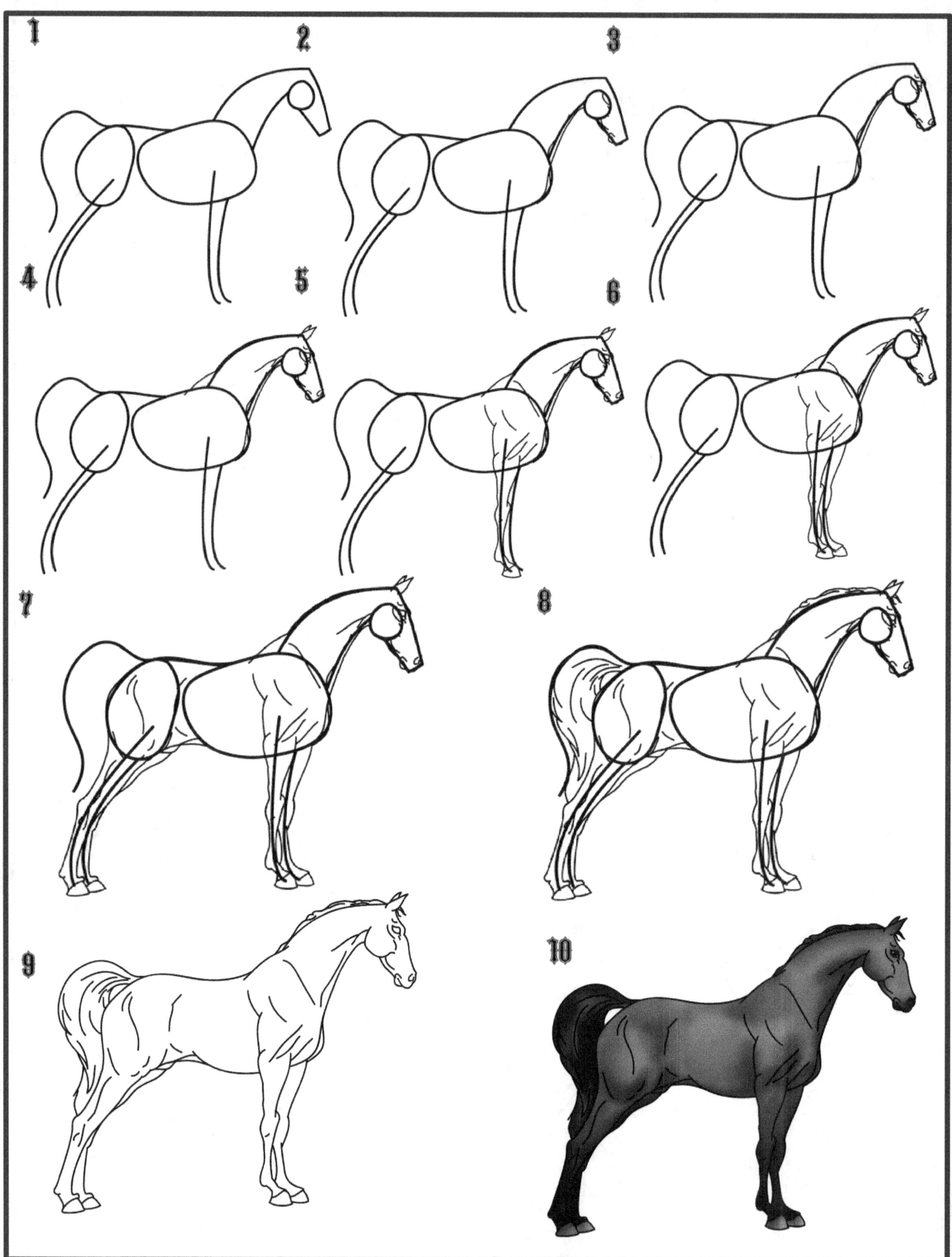
1
2
3
4
5
6
7
8
9
10

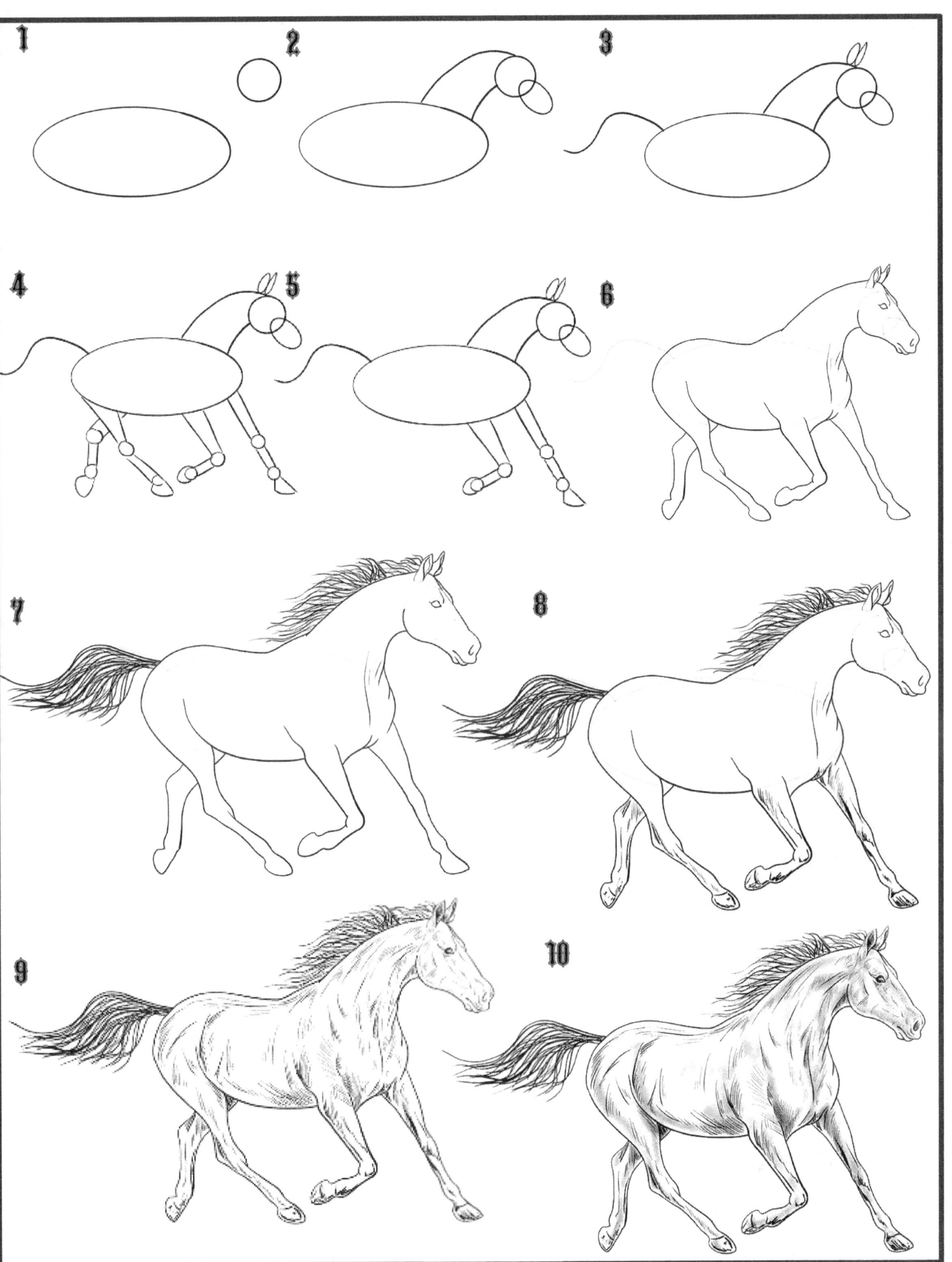
1
2
3
4
5
6
7
8
9
10

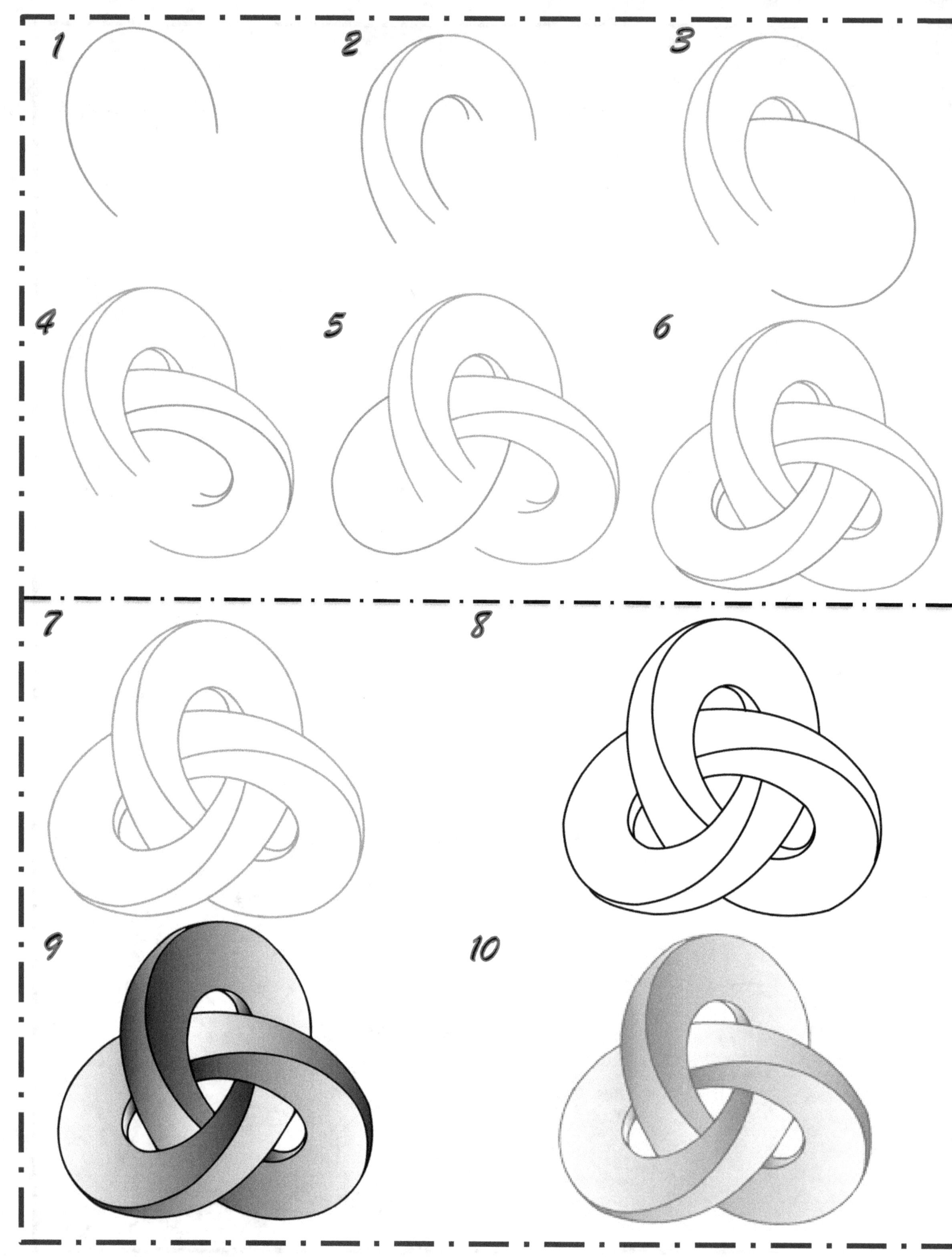
1
2
3
4
5
6
7
8
9
10

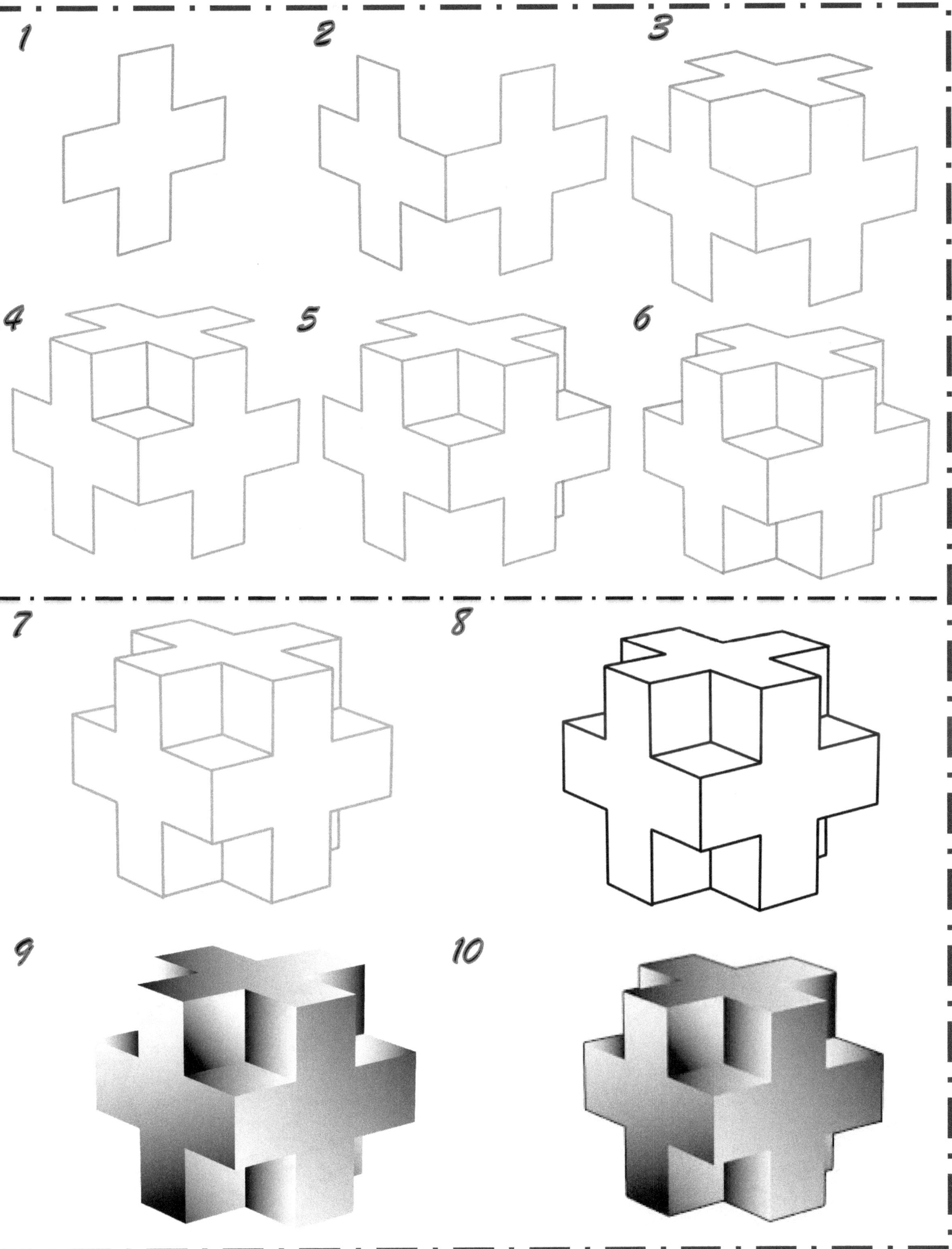
1
2
3
4
5
6
7
8
9
10

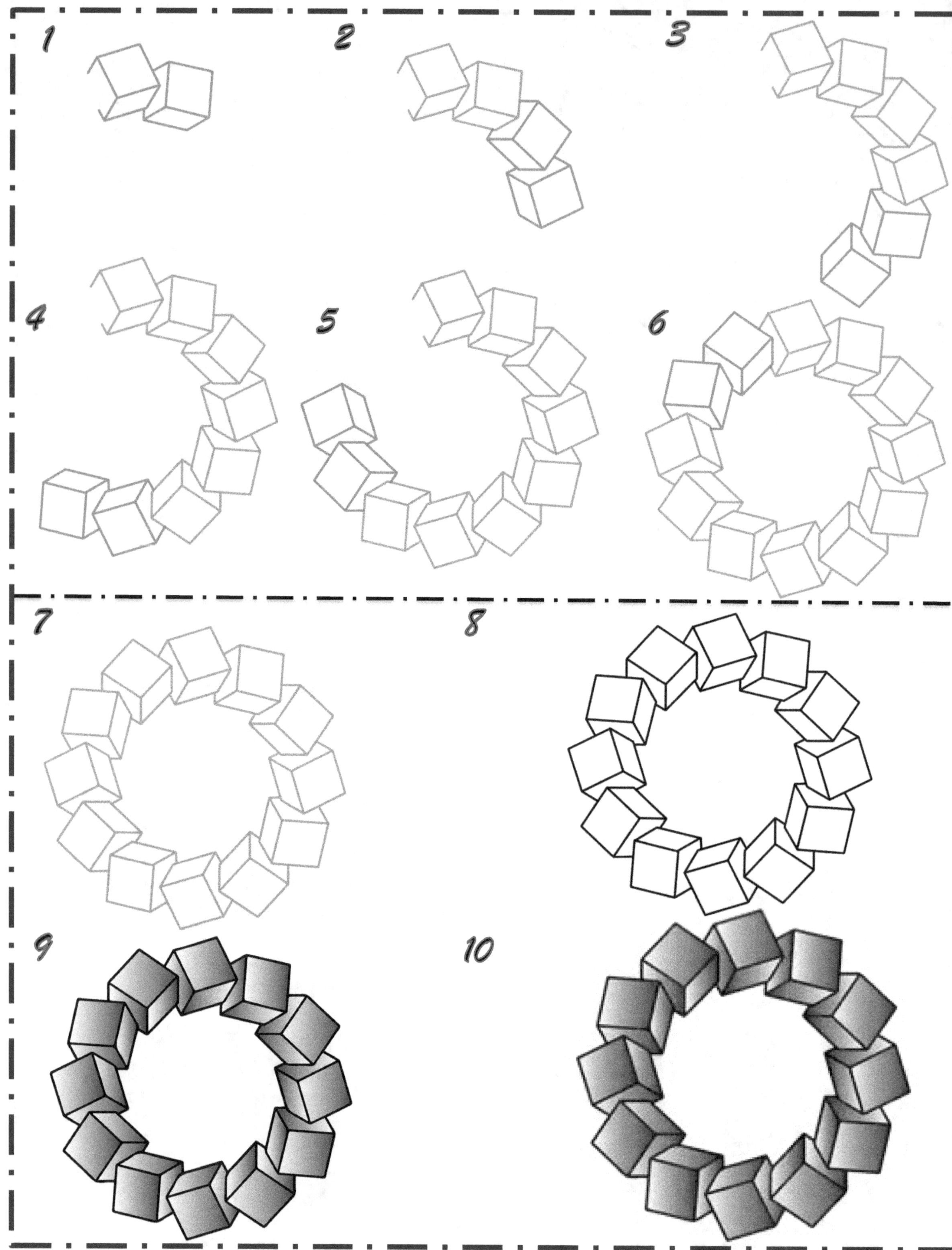
1
2
3
4
5
6
7
8
9
10

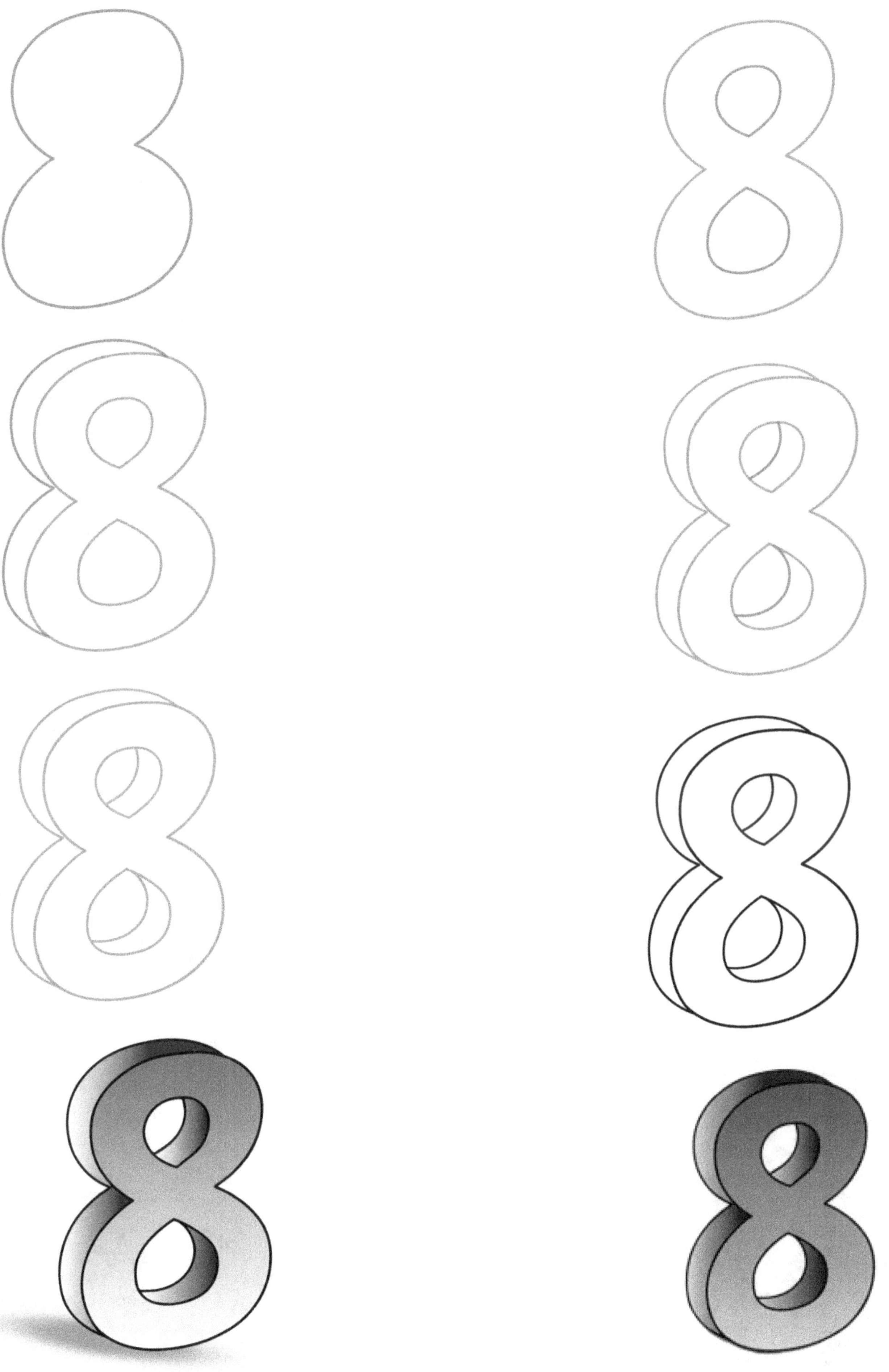

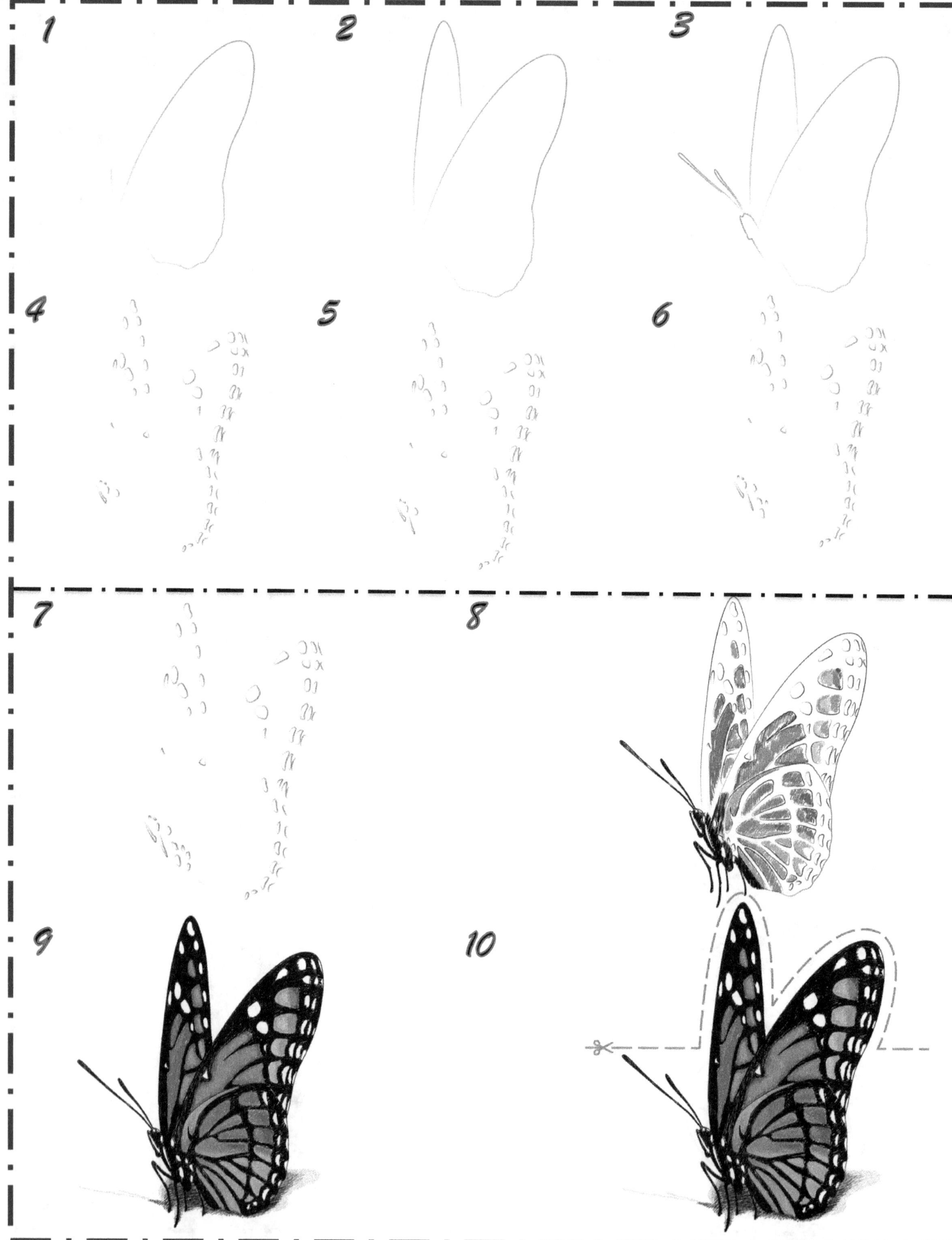
1
2
3
4
5
6
7
8
9
10

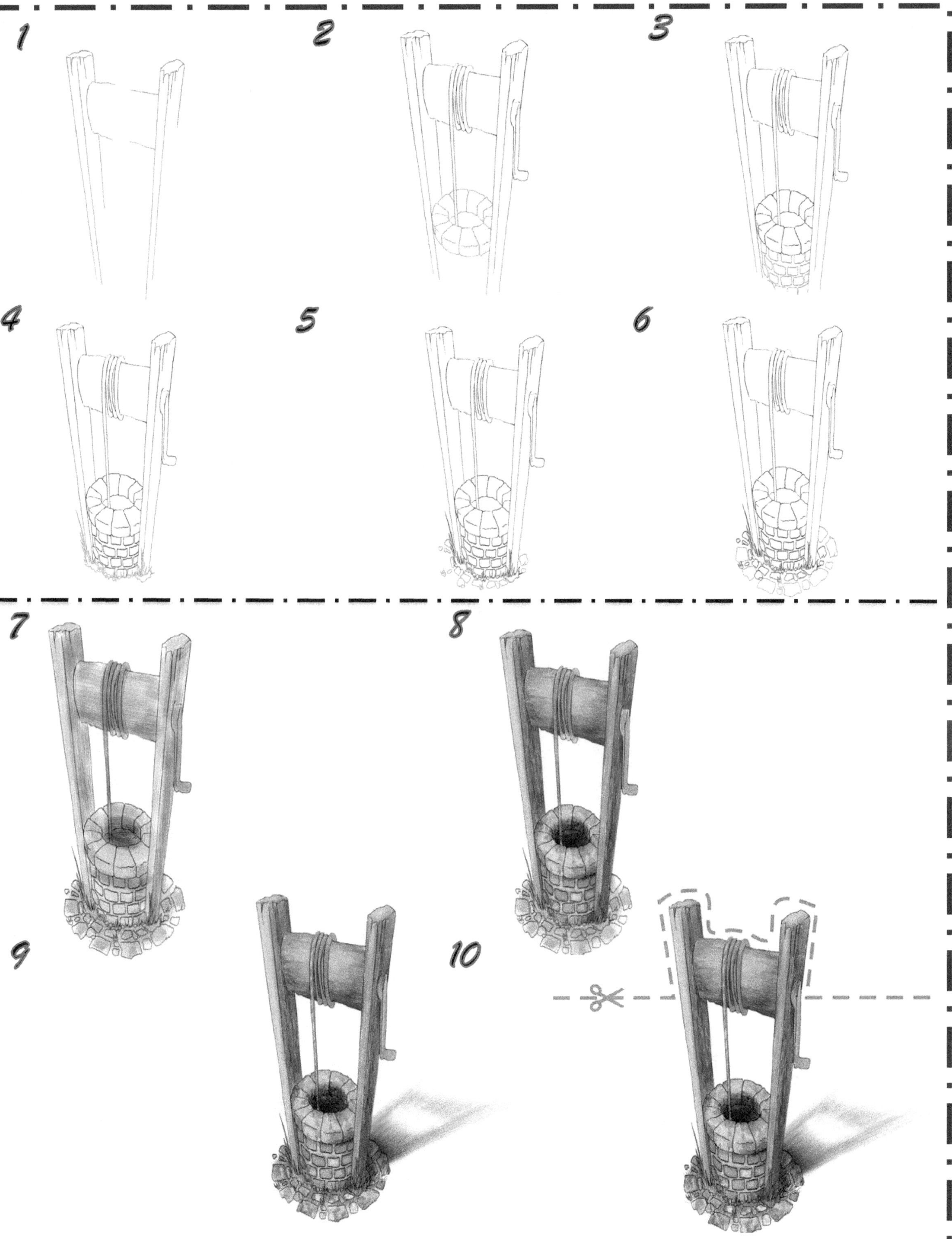
1
2
3
4
5
6
7
8
9
10

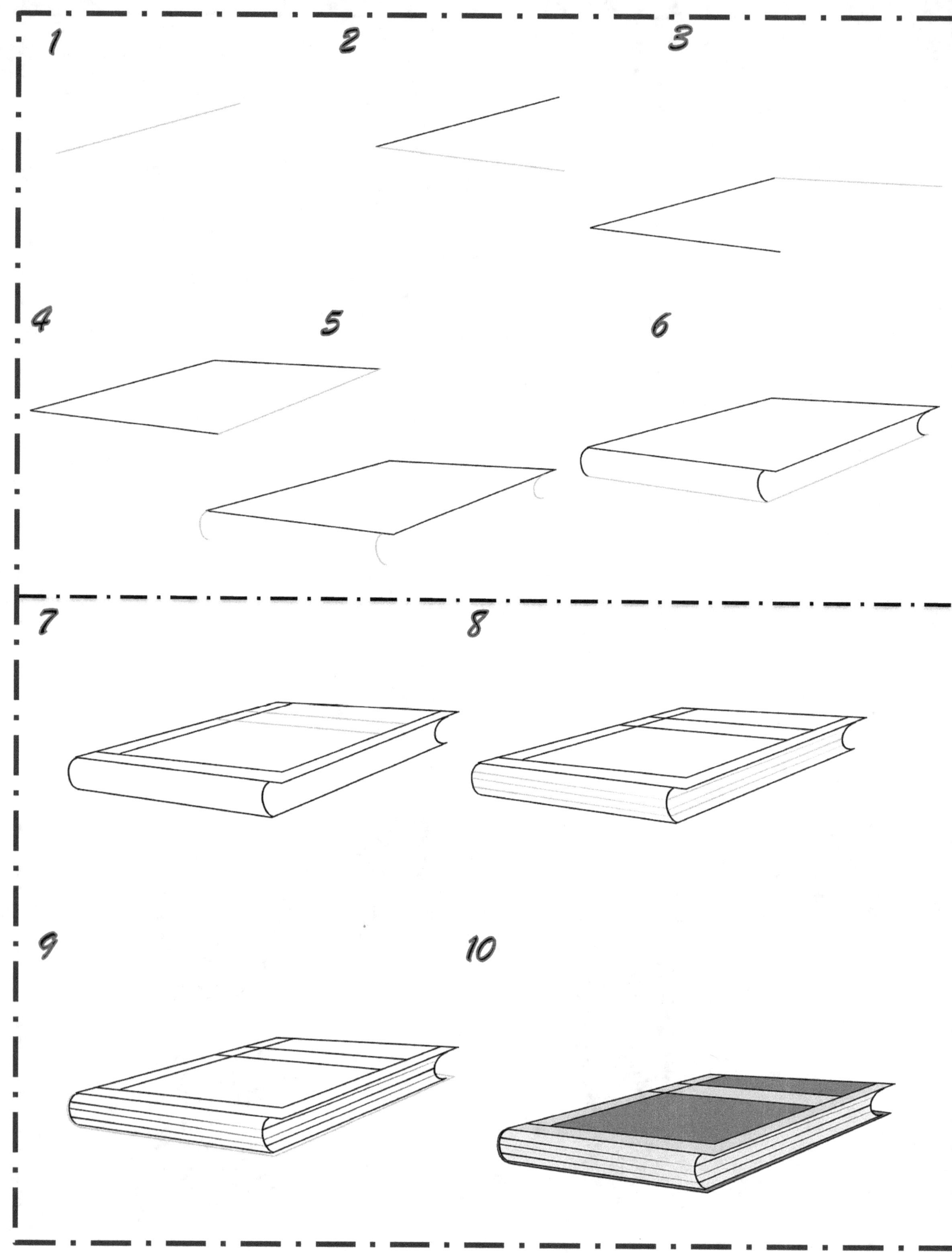
1
2
3
4
5
6
7
8
9
10

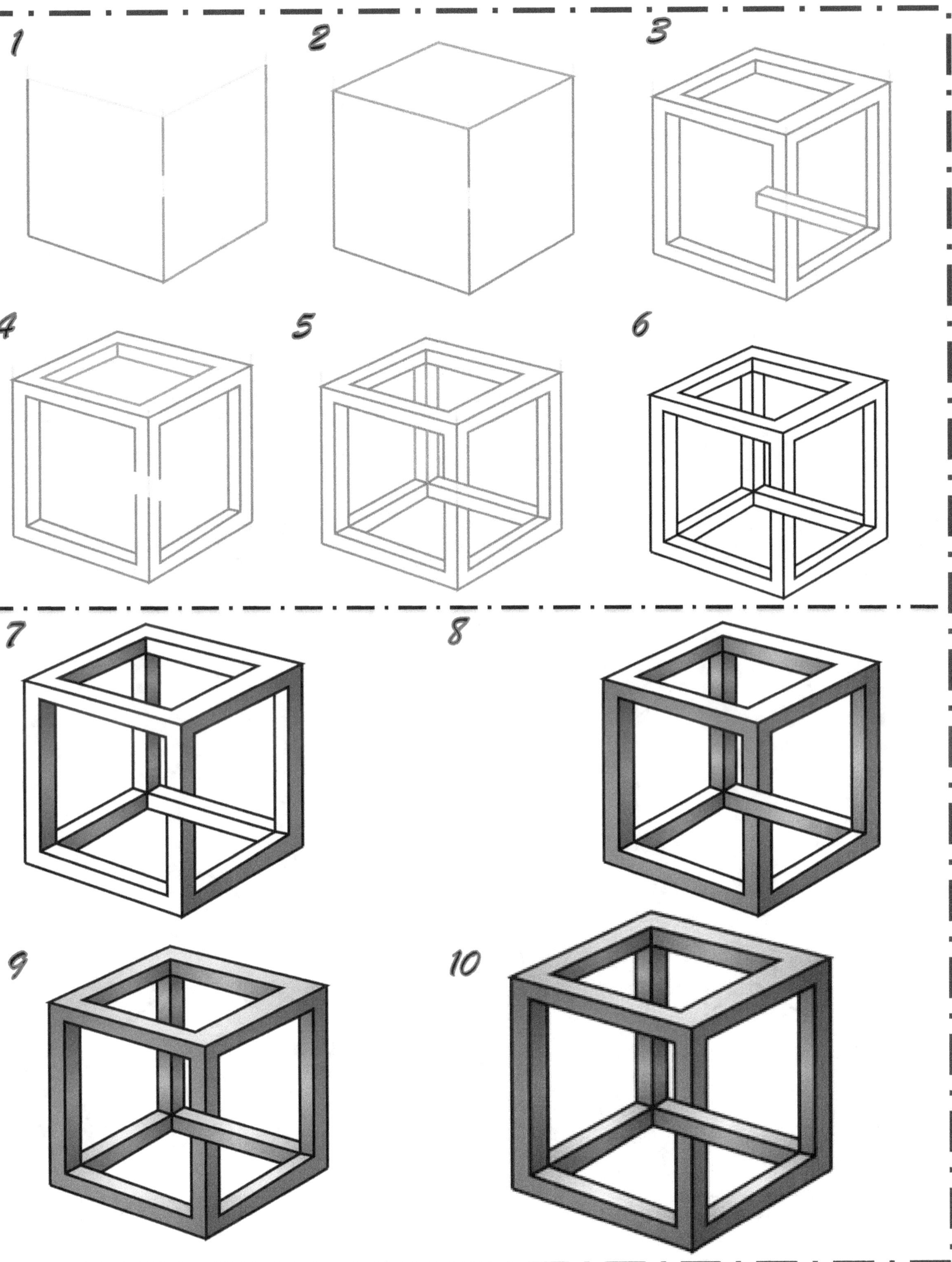
1
2
3
4
5
6
7
8
9
10

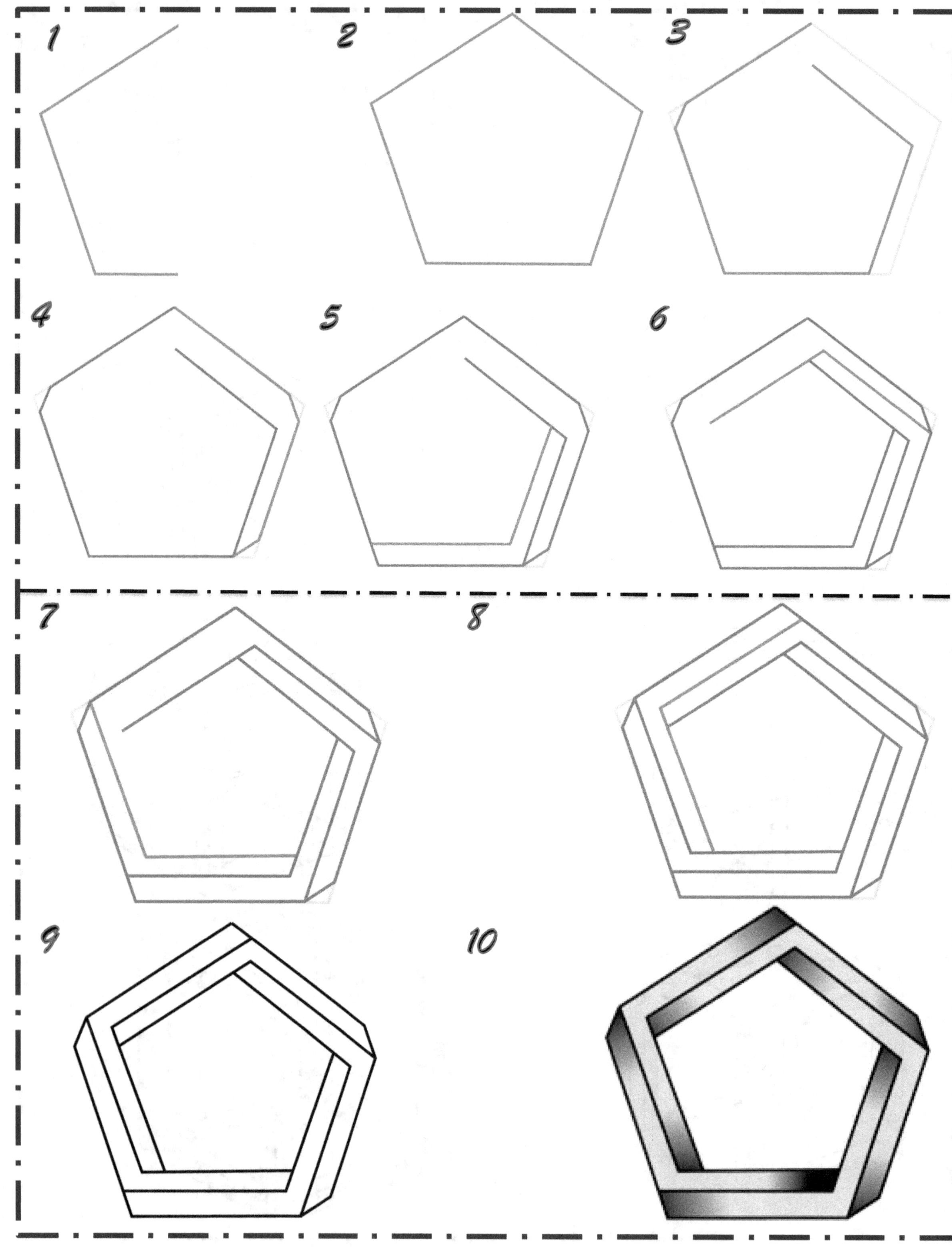
1
2
3
4
5
6
7
8
9
10

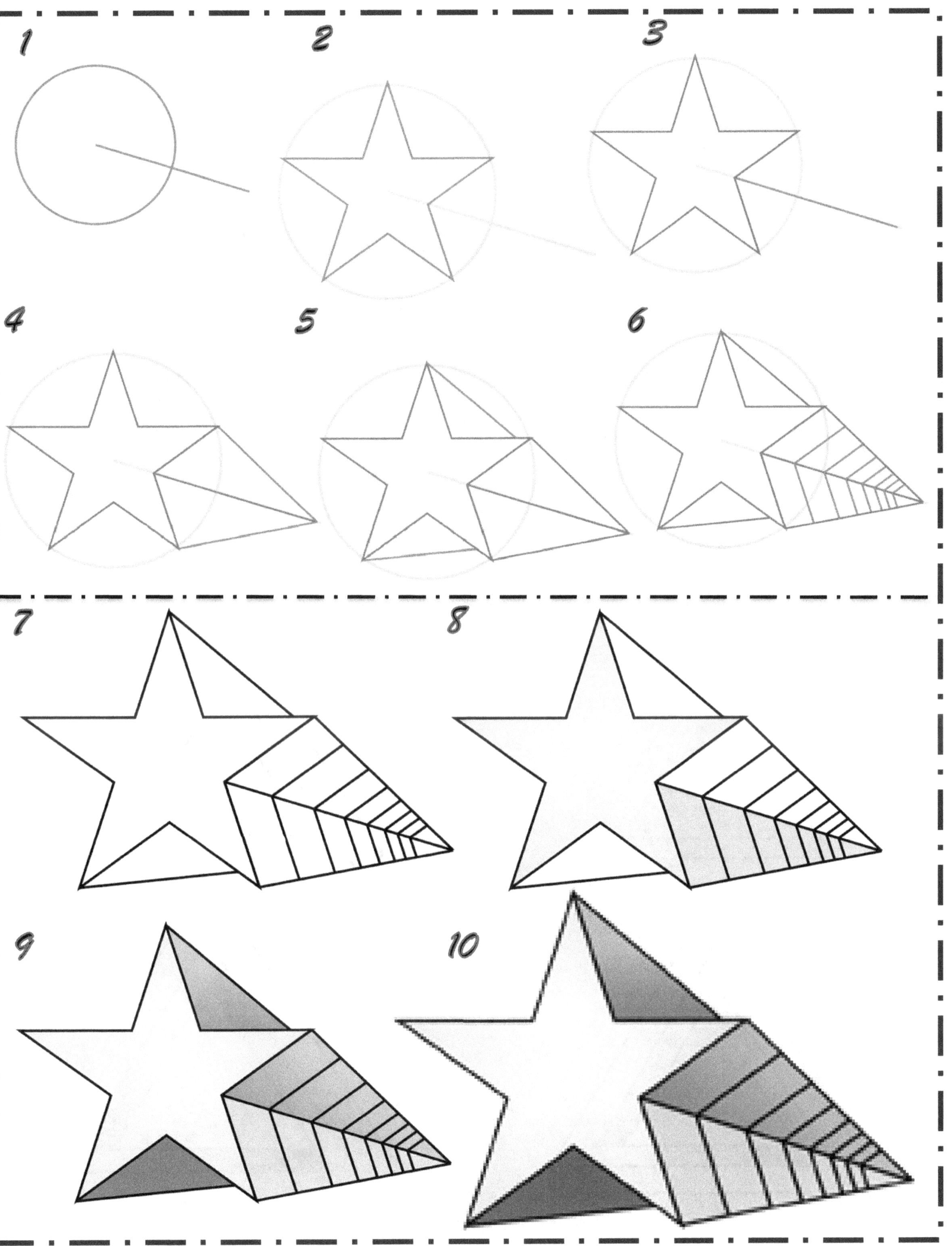
1
2
3
4
5
6
7
8
9
10

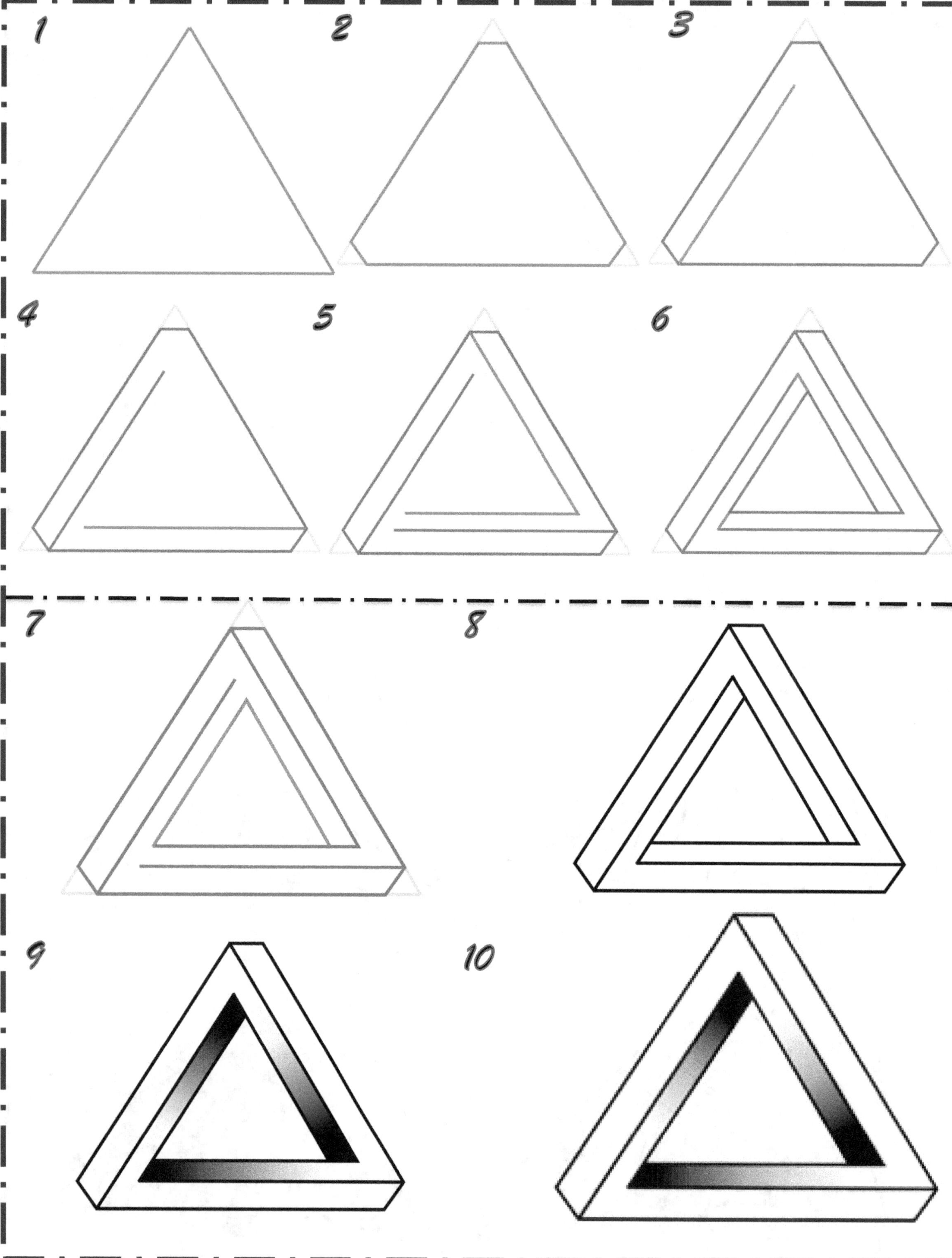
1
2
3
4
5
6
7
8
9
10

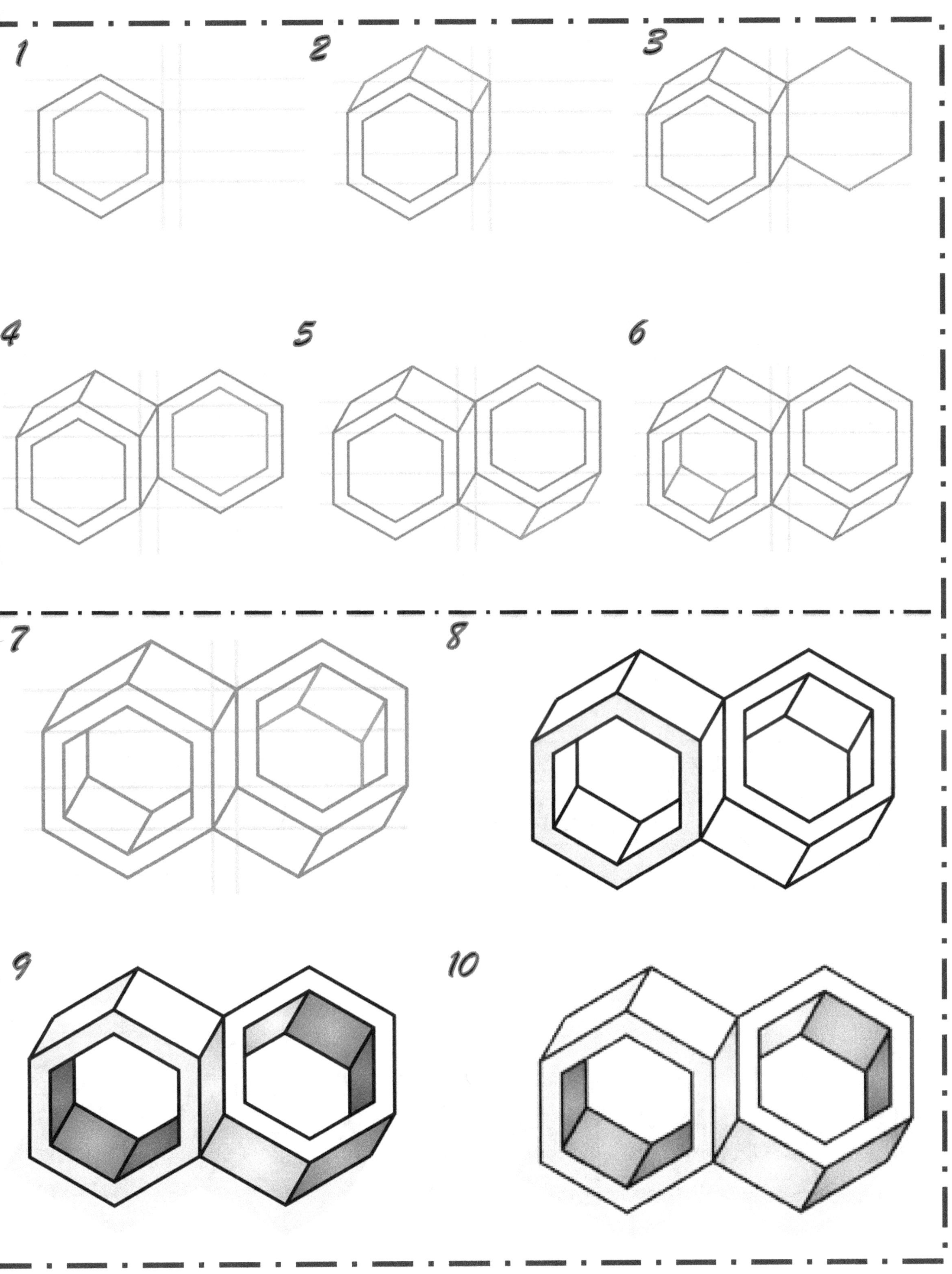
1
2
3
4
5
6
7
8
9
10

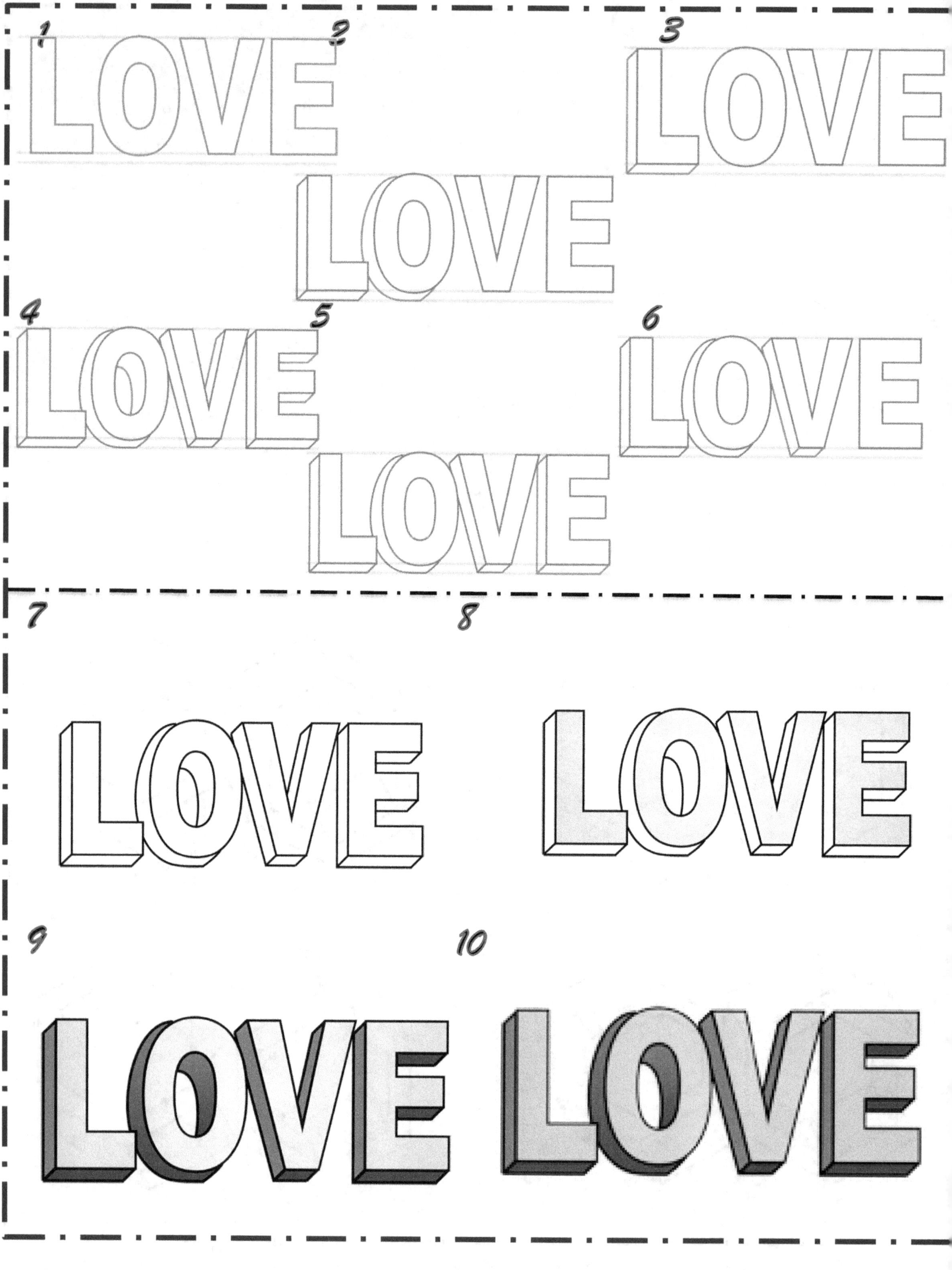

1

LOVE

2

LOVE

3

LOVE

4

LOVE

5

LOVE

6

LOVE

7

LOVE

8

LOVE

9

LOVE

10

LOVE

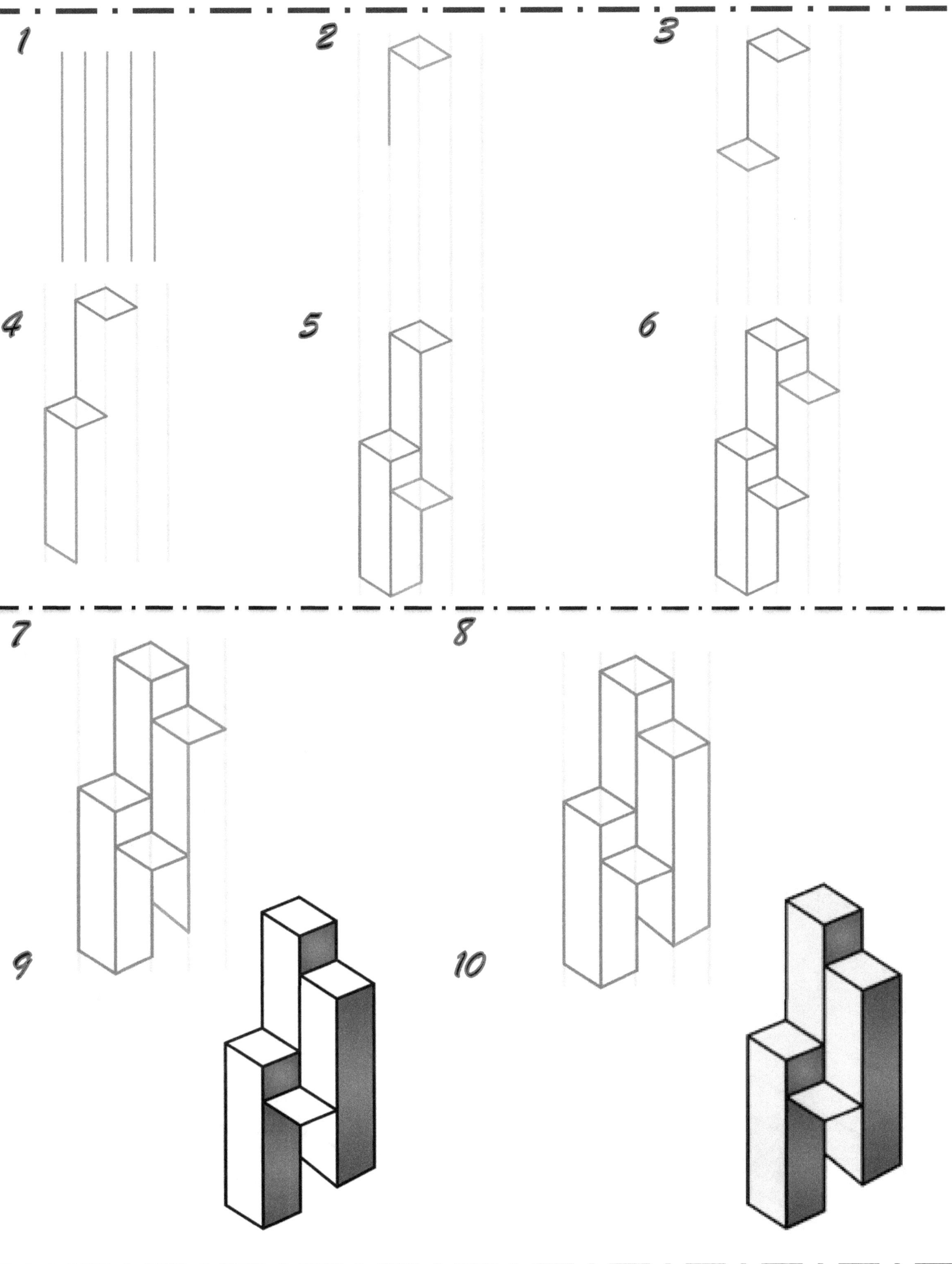
1
2
3
4
5
6
7
8
9
10

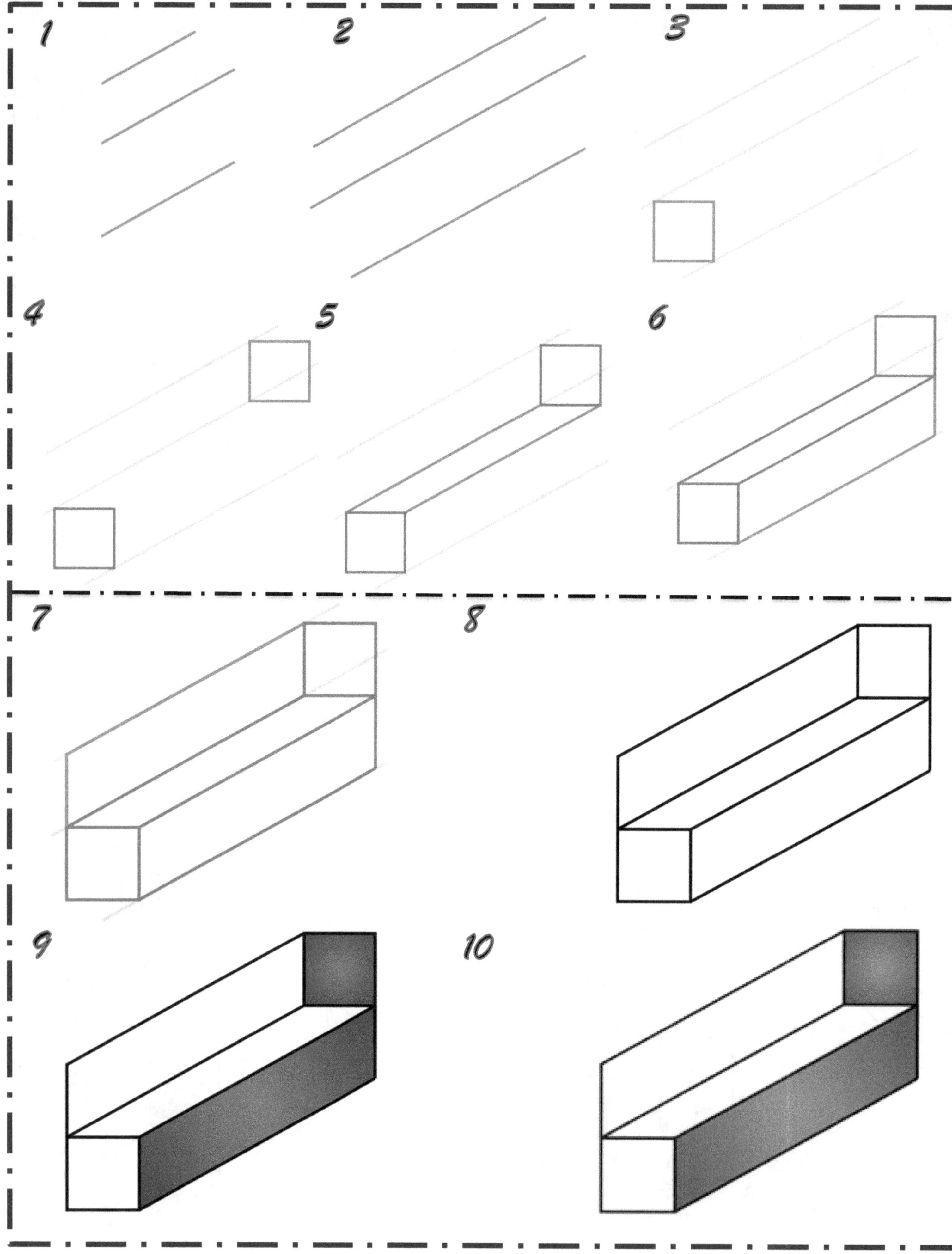
1
2
3
4
5
6
7
8
9
10

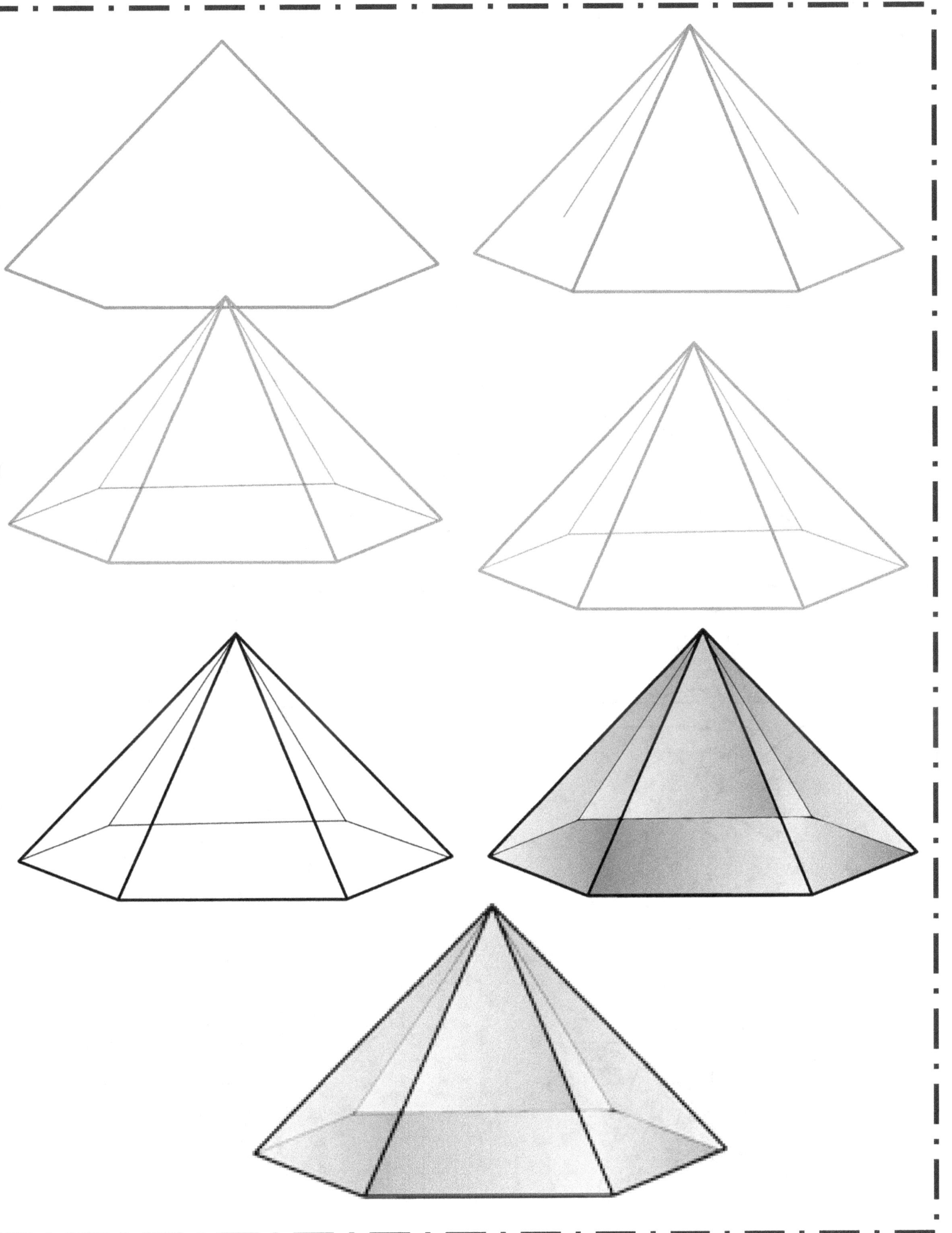

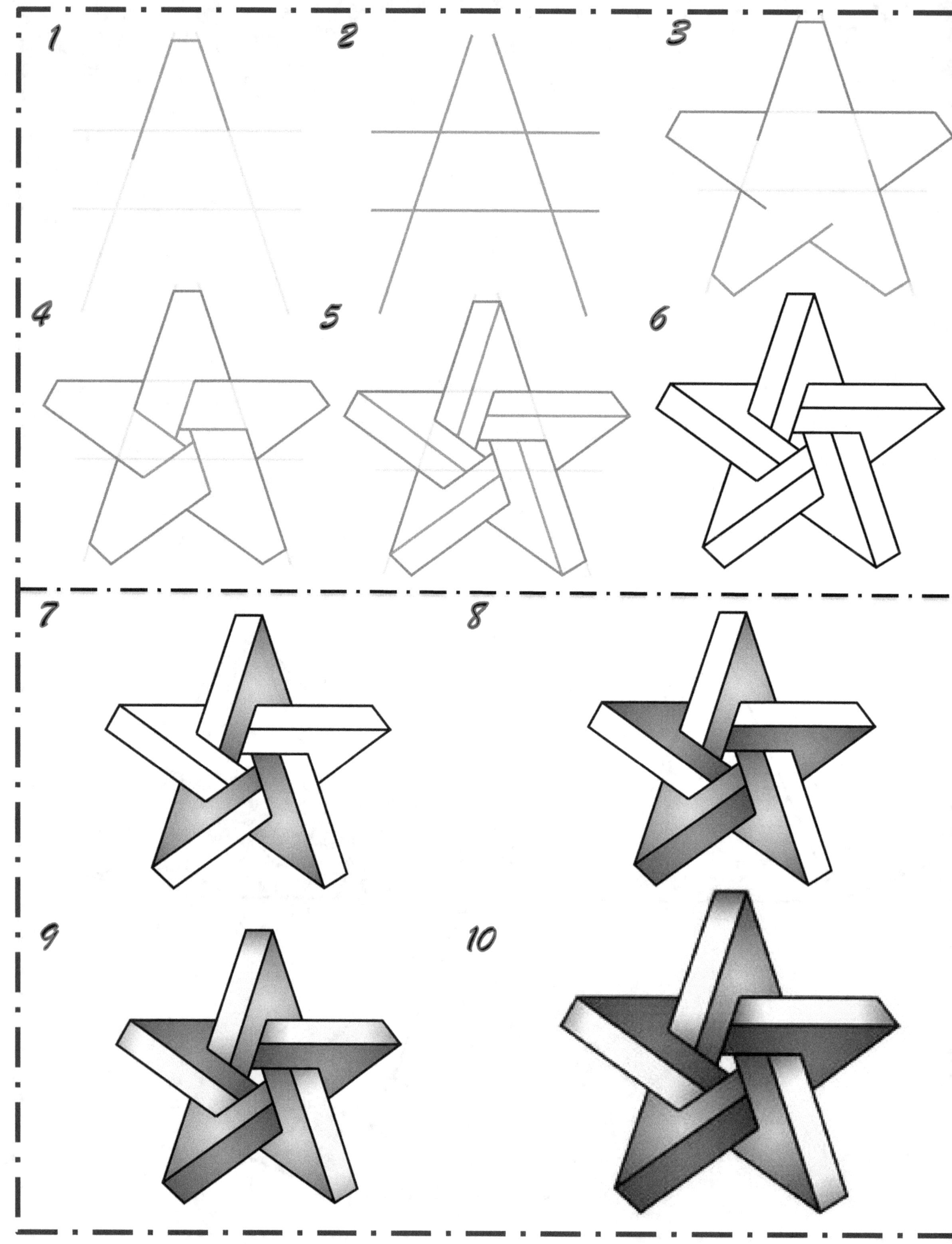
1
2
3
4
5
6
7
8
9
10

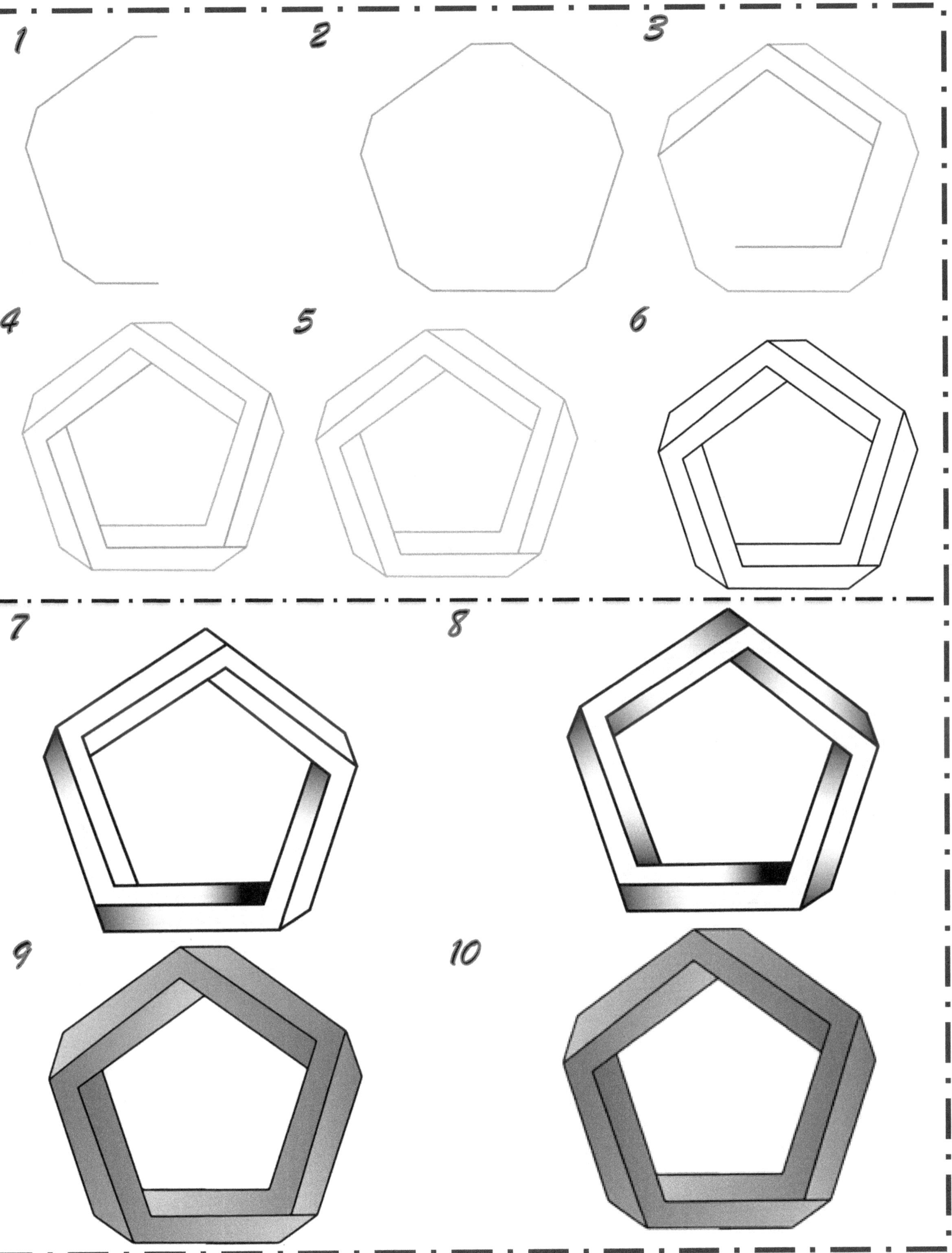
1
2
3
4
5
6
7
8
9
10

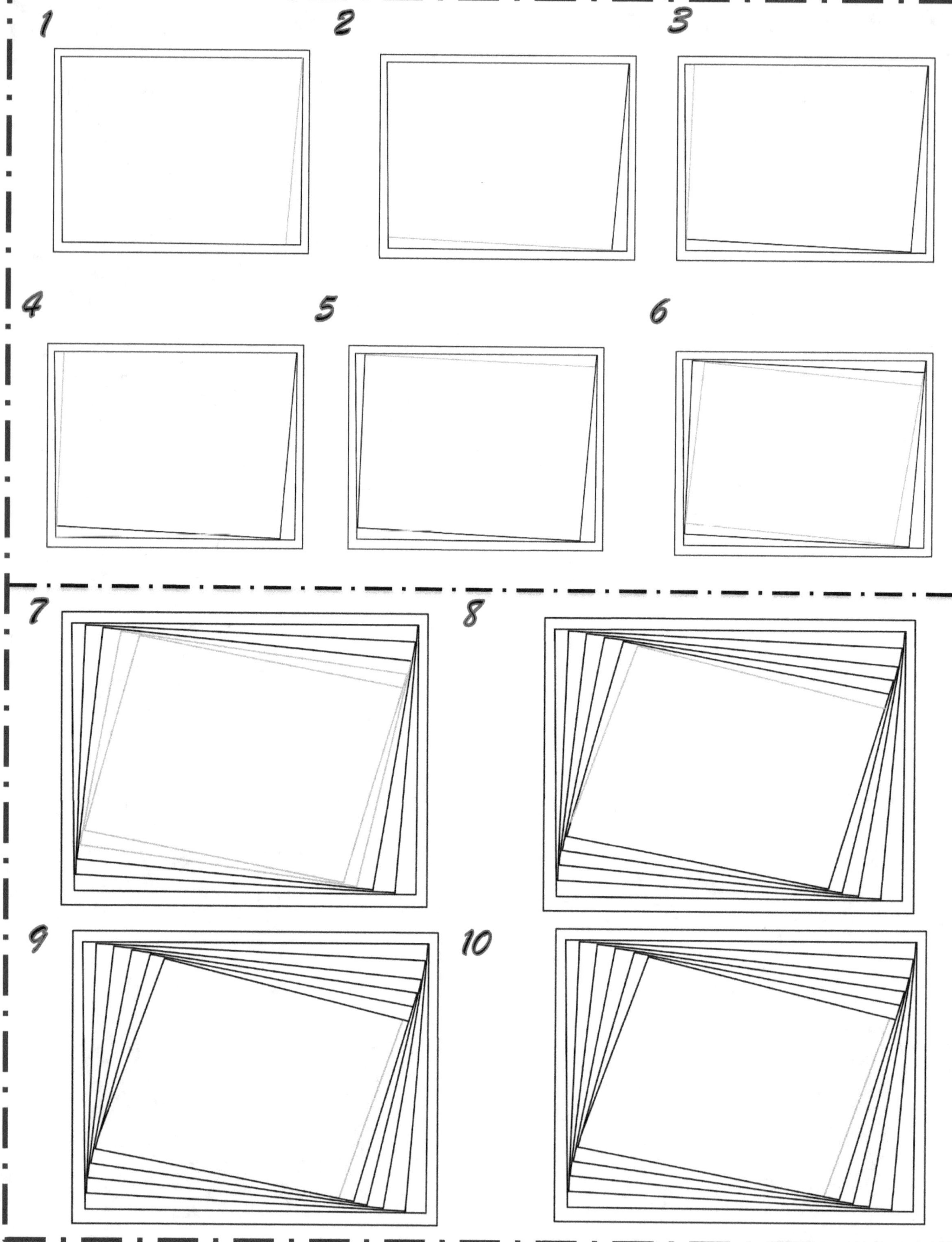
1
2
3
4
5
6
7
8
9
10

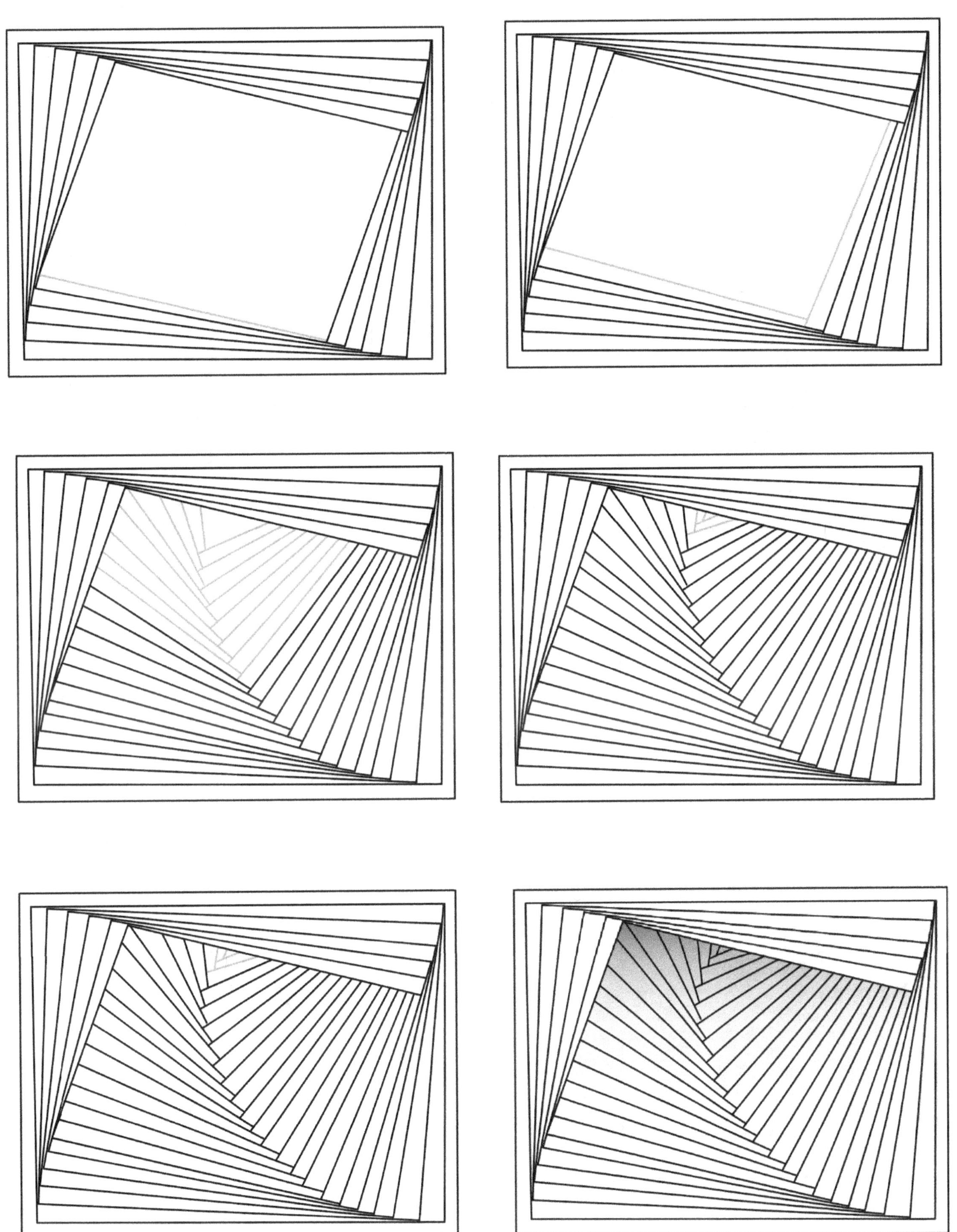

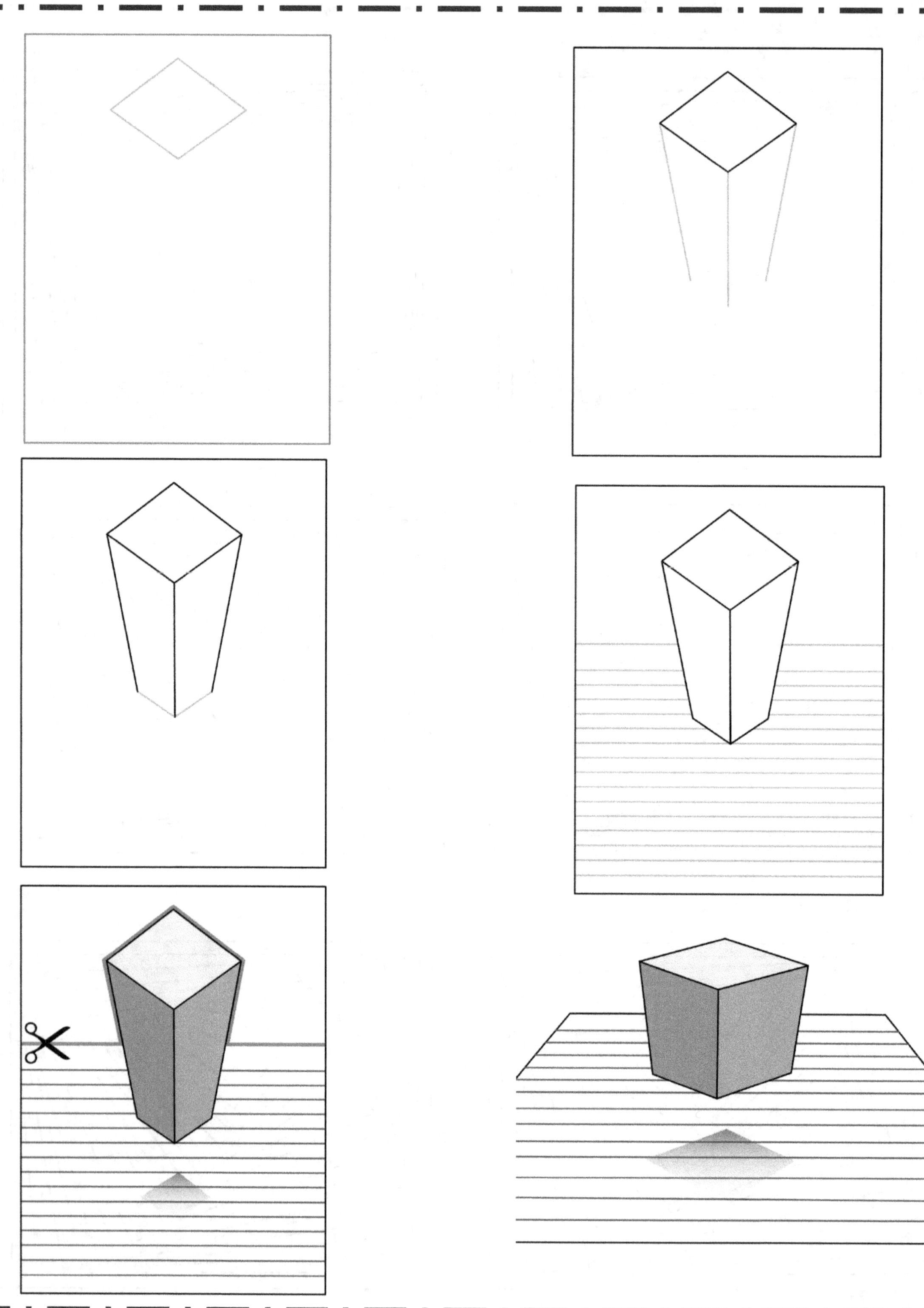

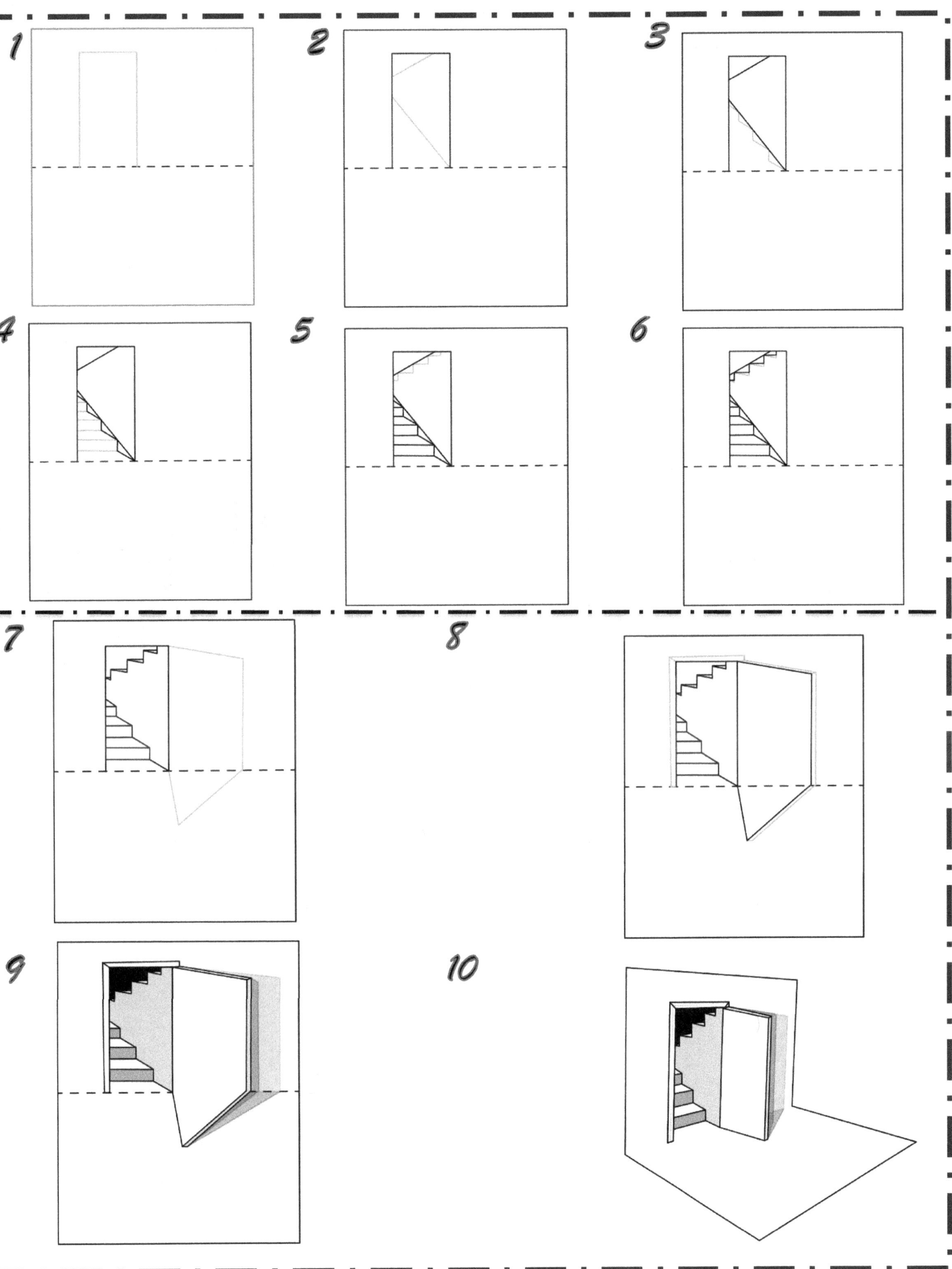
1
2
3
4
5
6
7
8
9
10

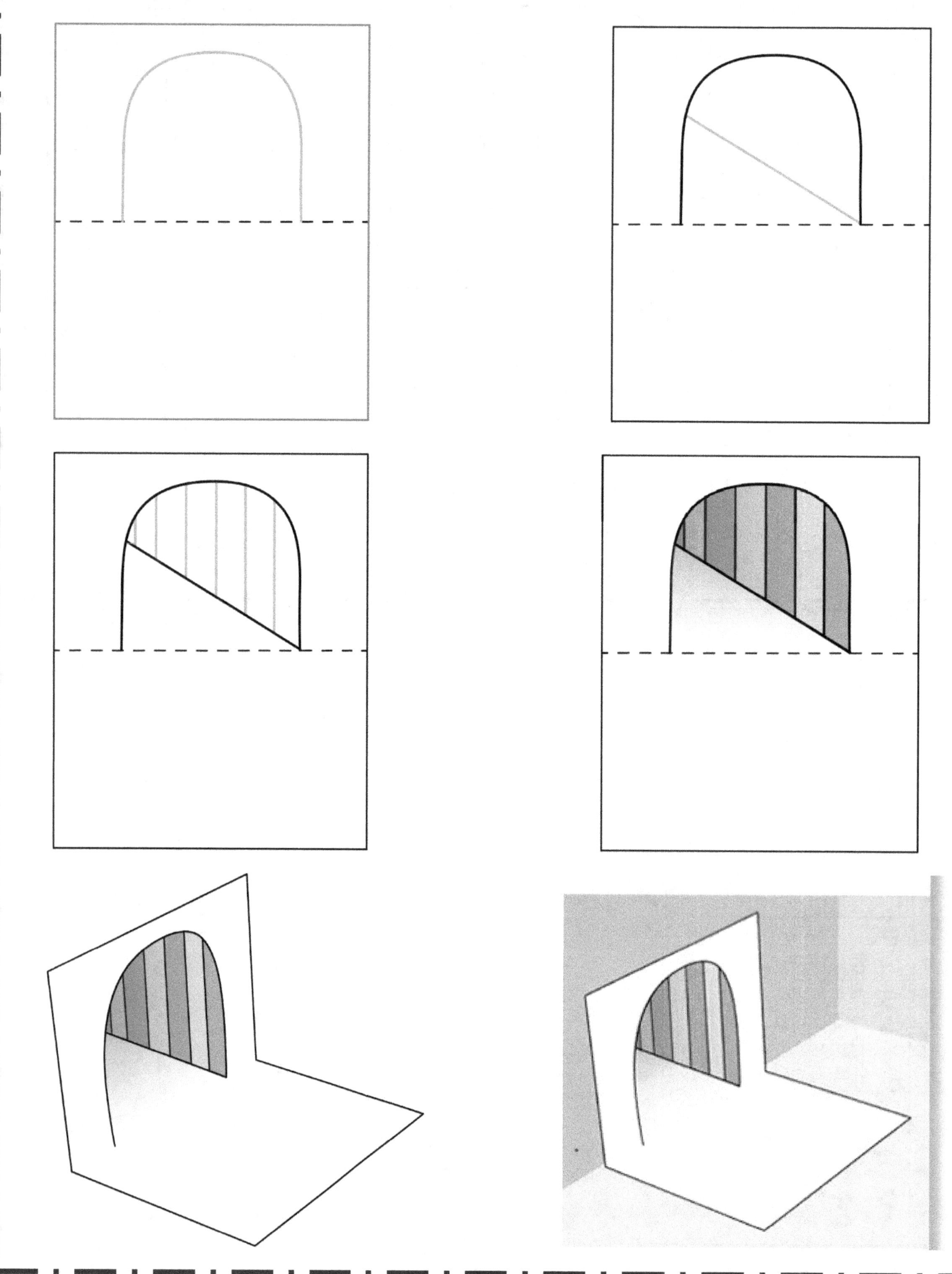

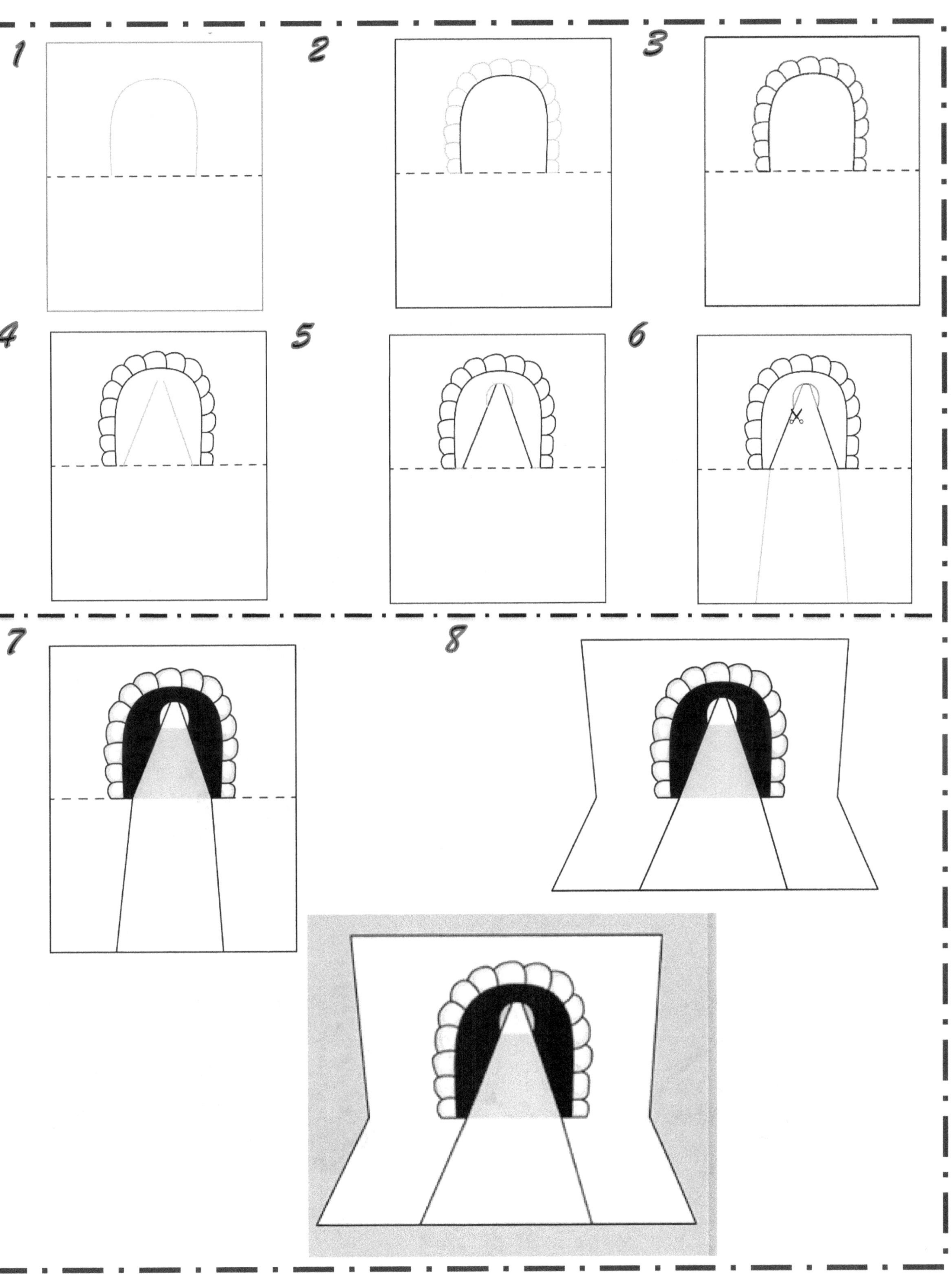
1
2
3
4
5
6
7
8

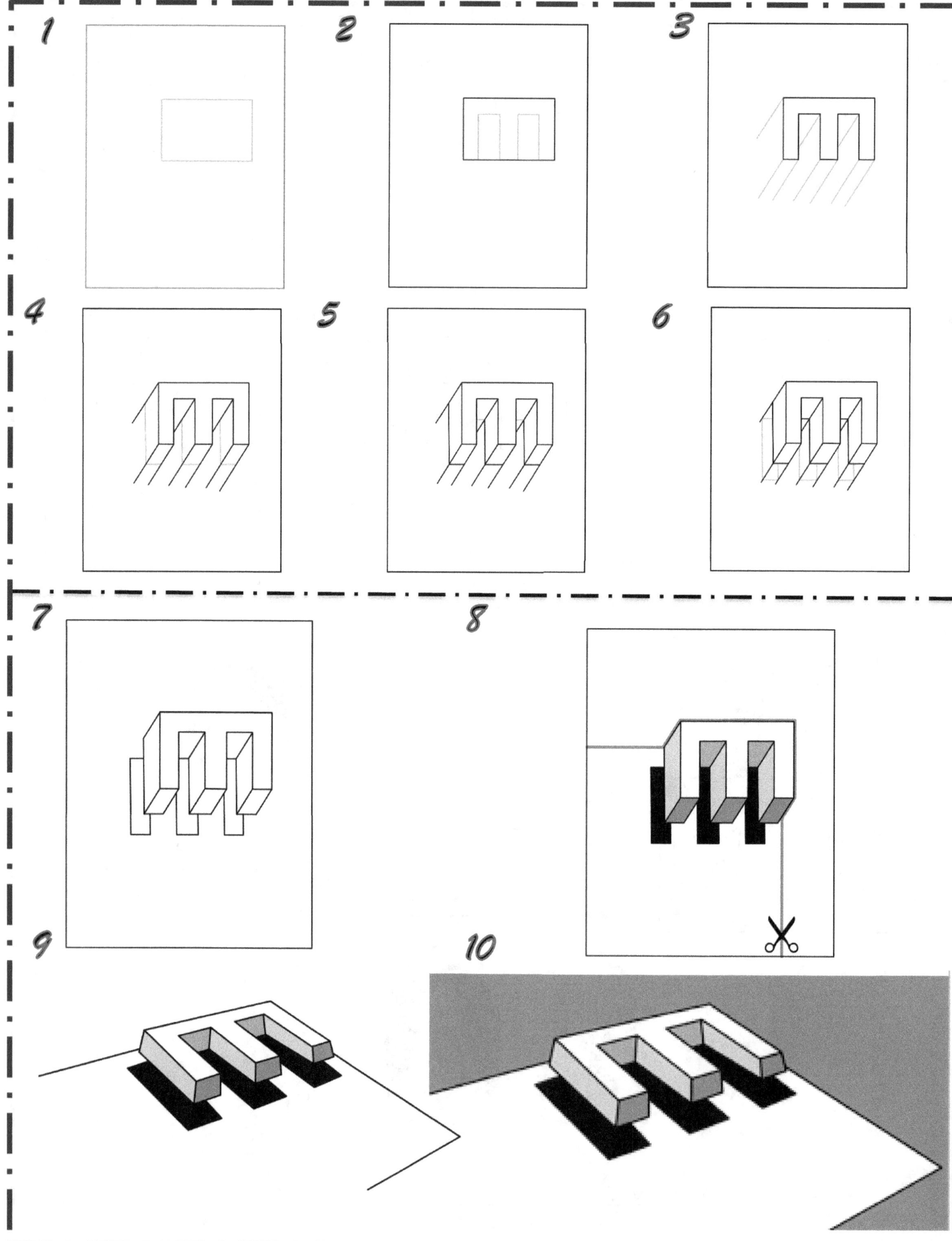
1
2
3
4
5
6
7
8
9
10

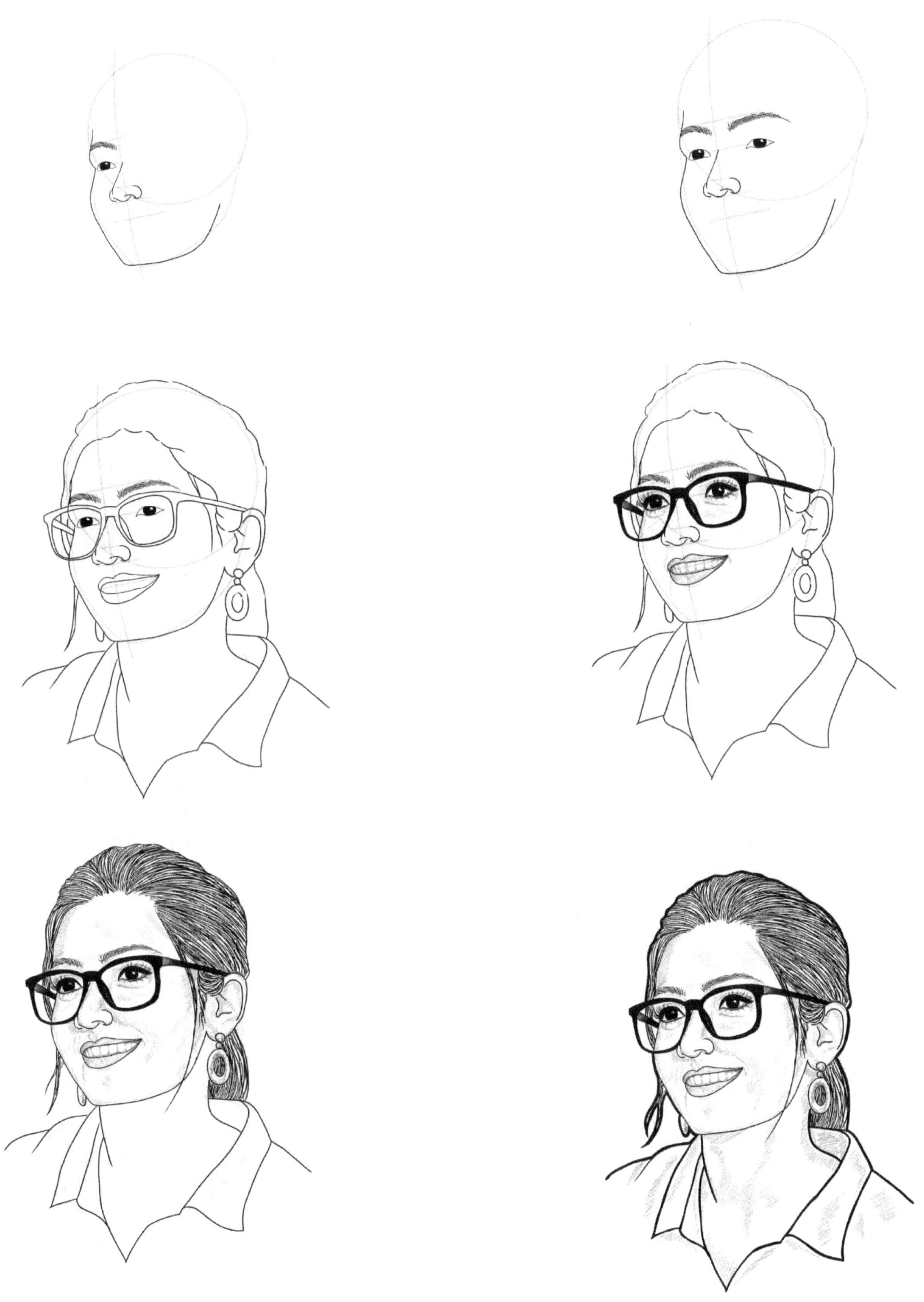

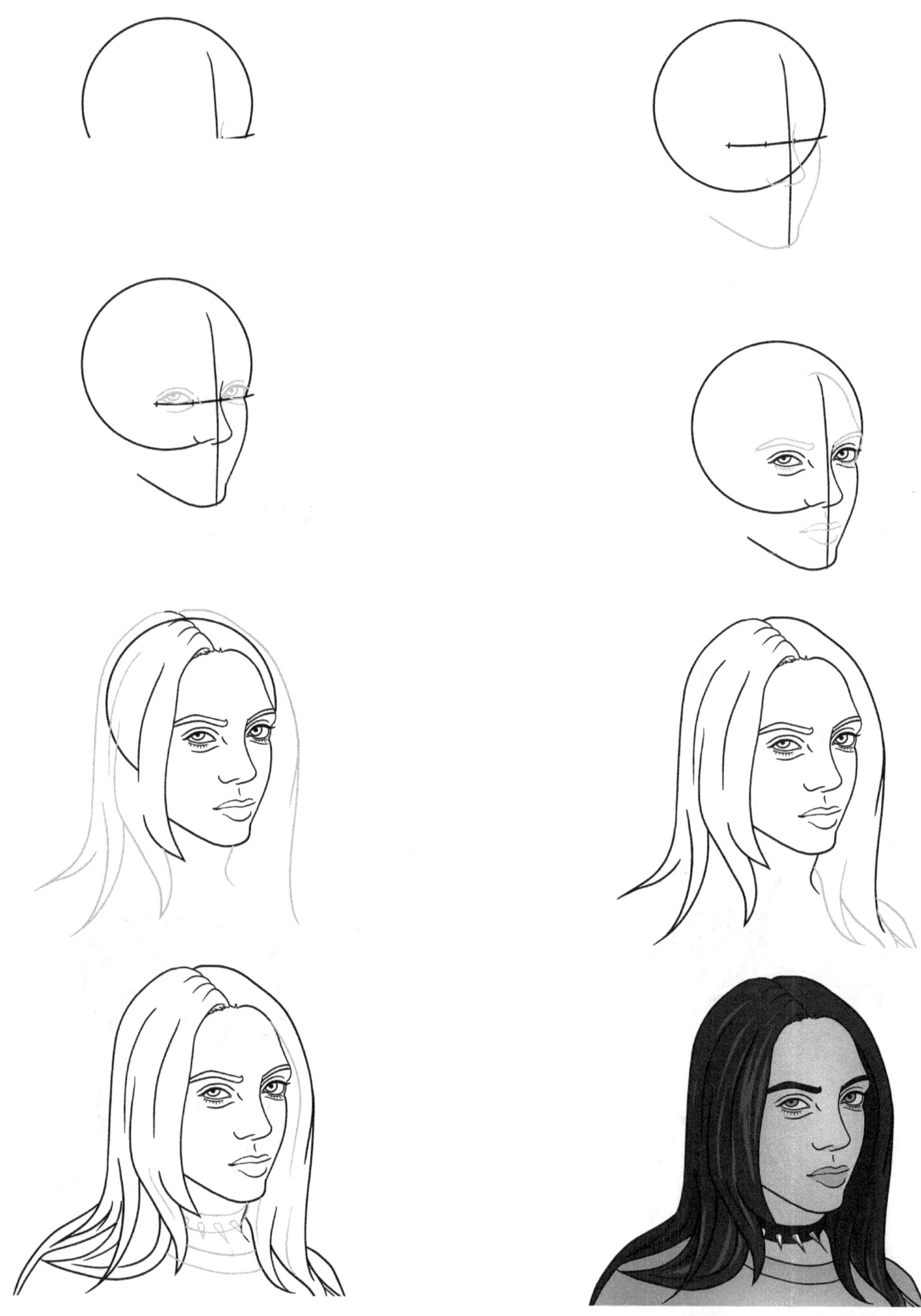

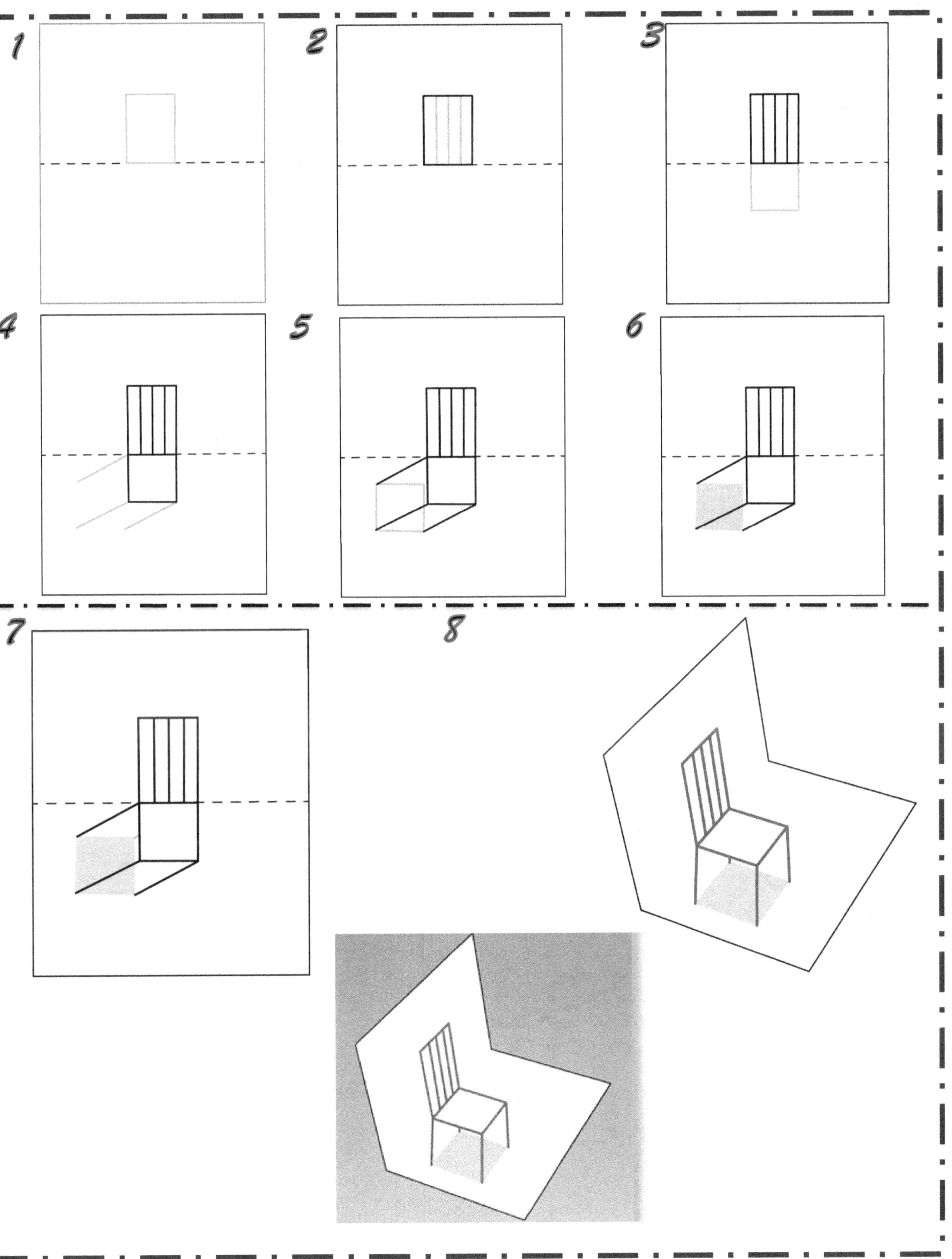
1
2
3
4
5
6
7
8

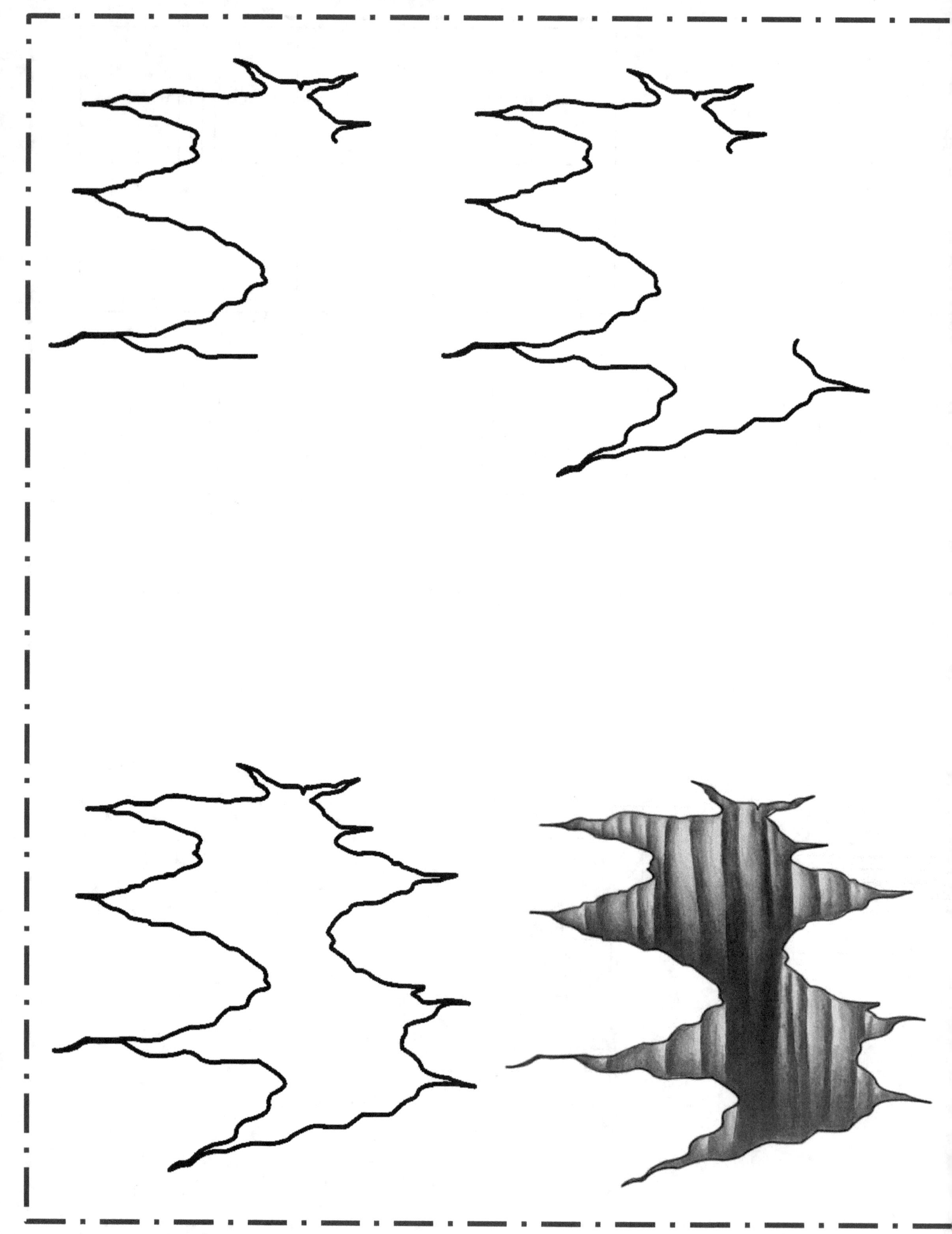

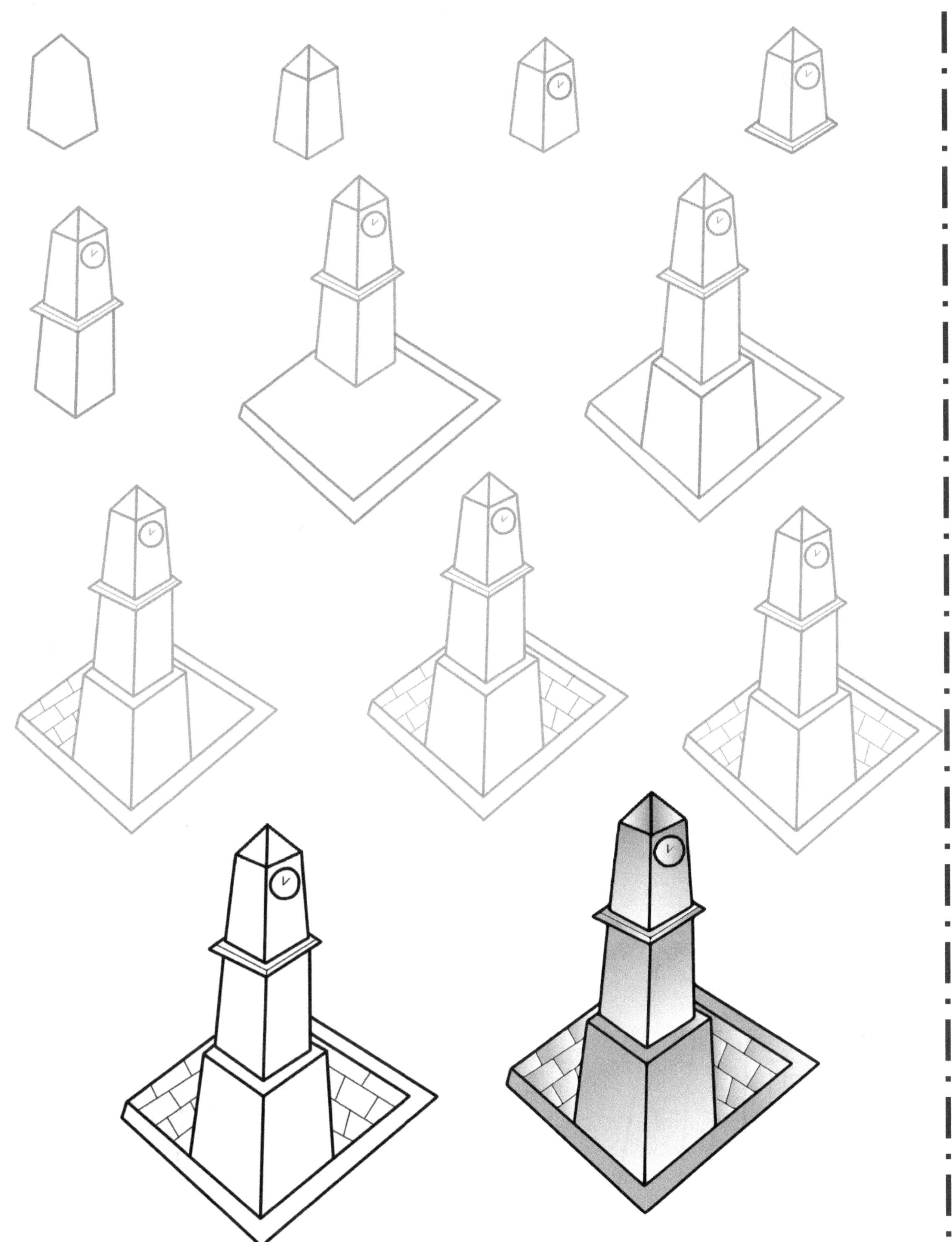

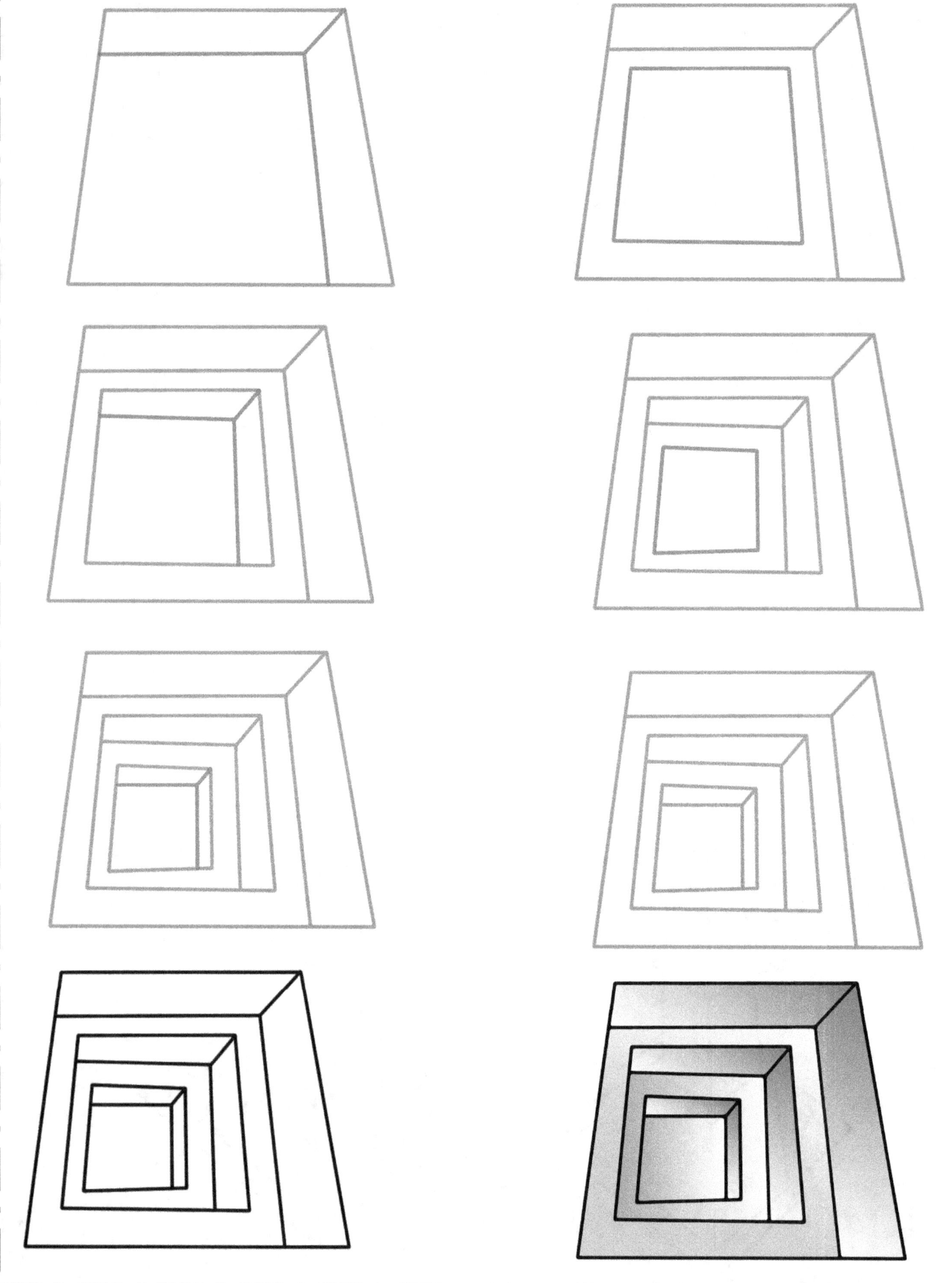

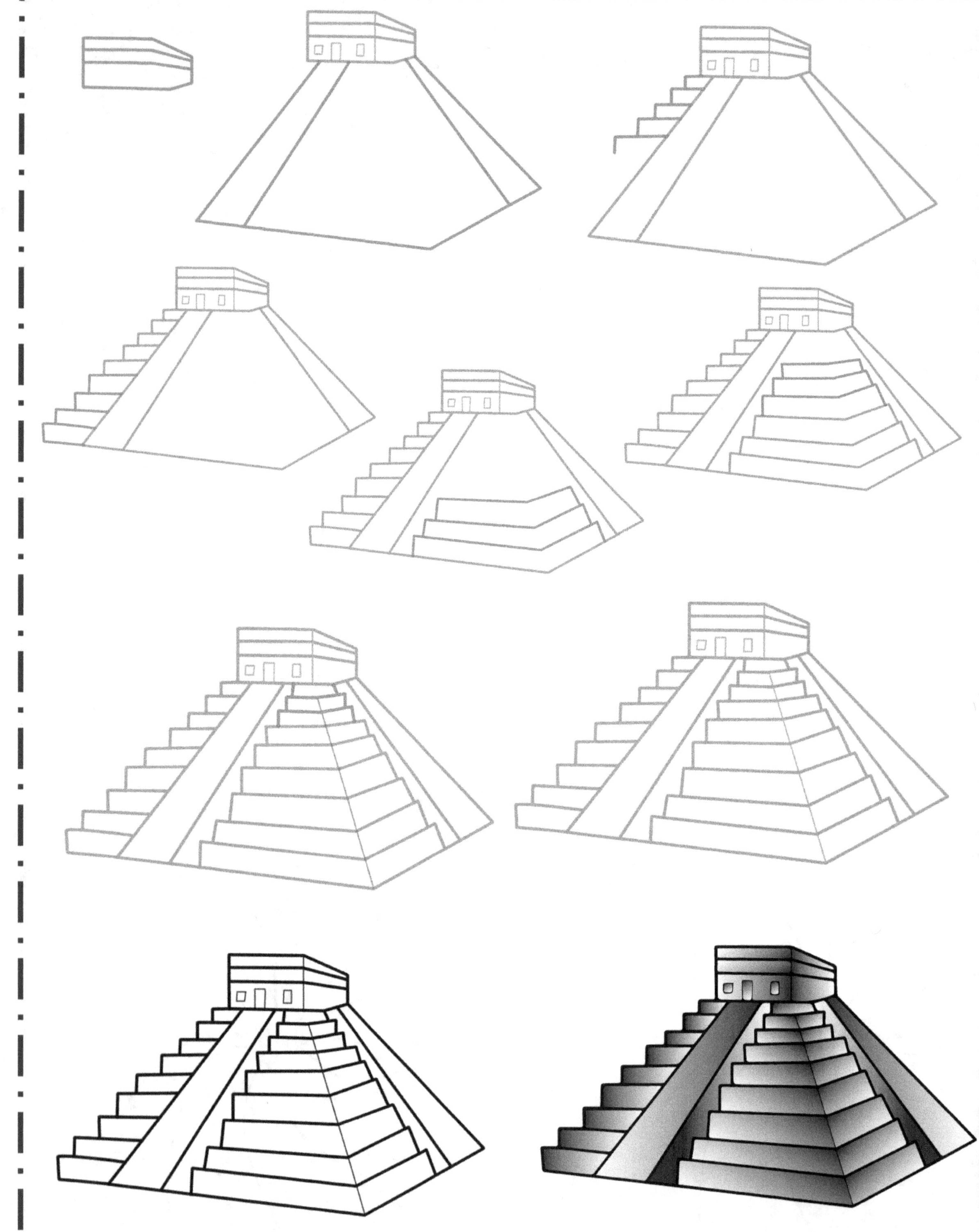

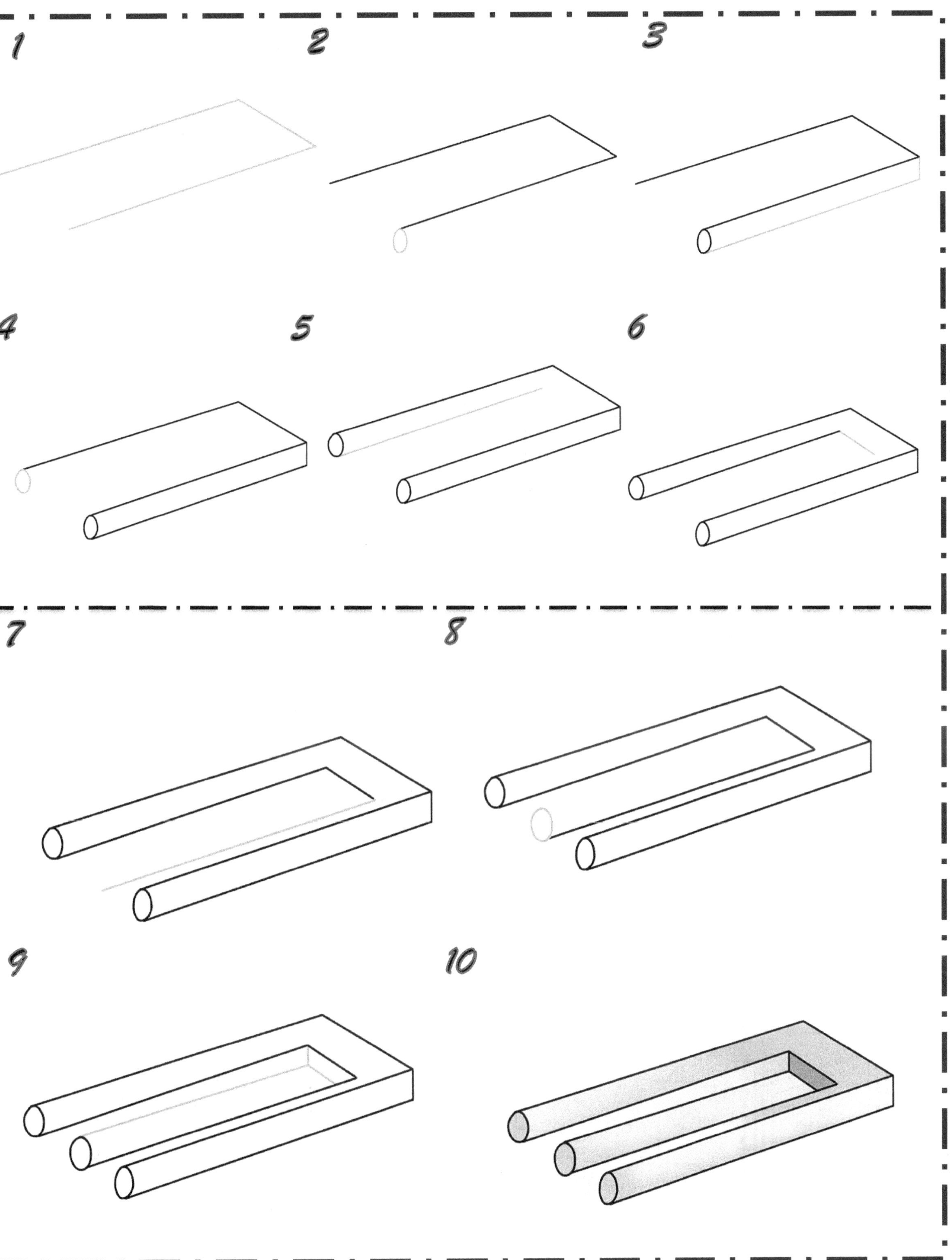
1
2
3
4
5
6
7
8
9
10

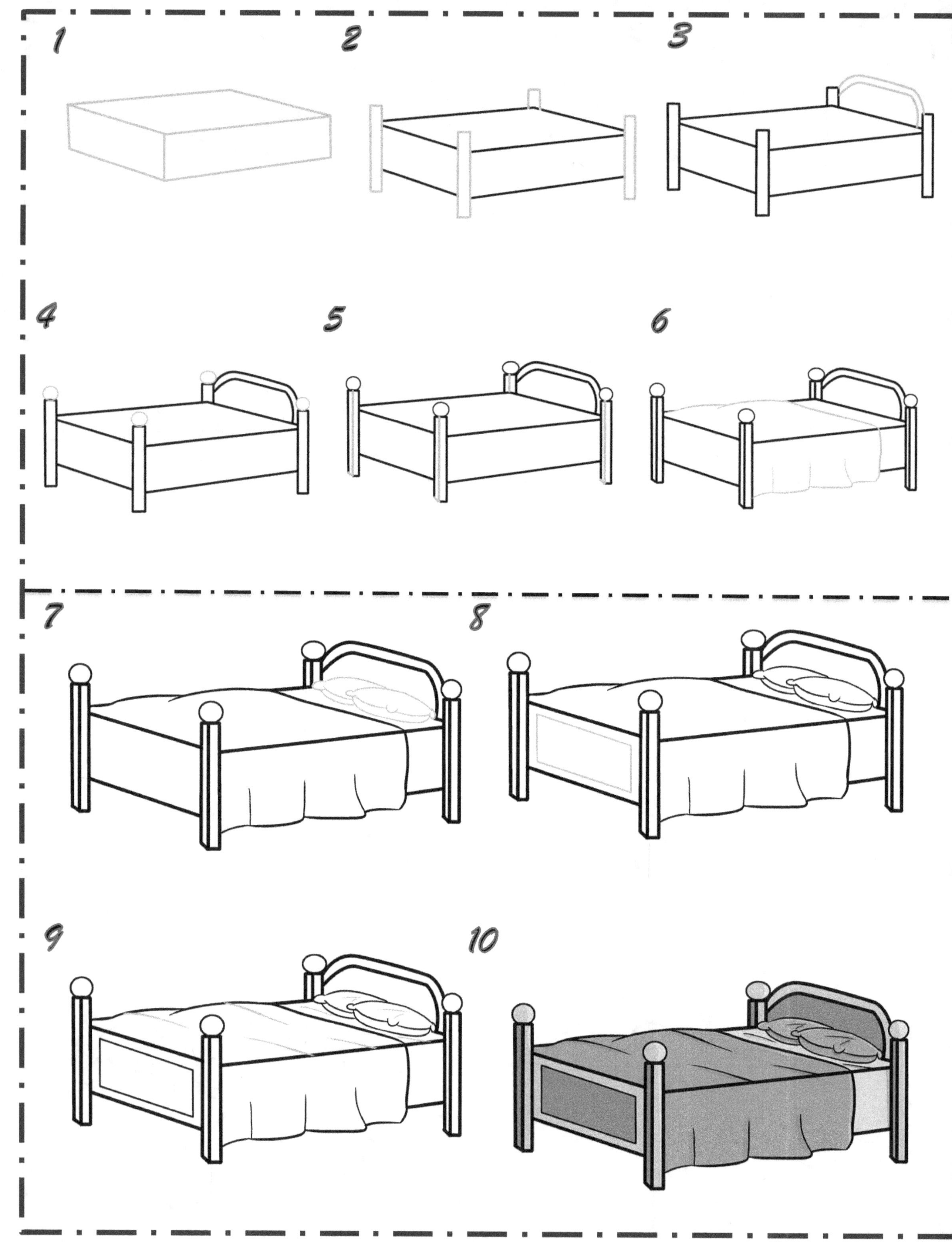
1
2
3
4
5
6
7
8
9
10

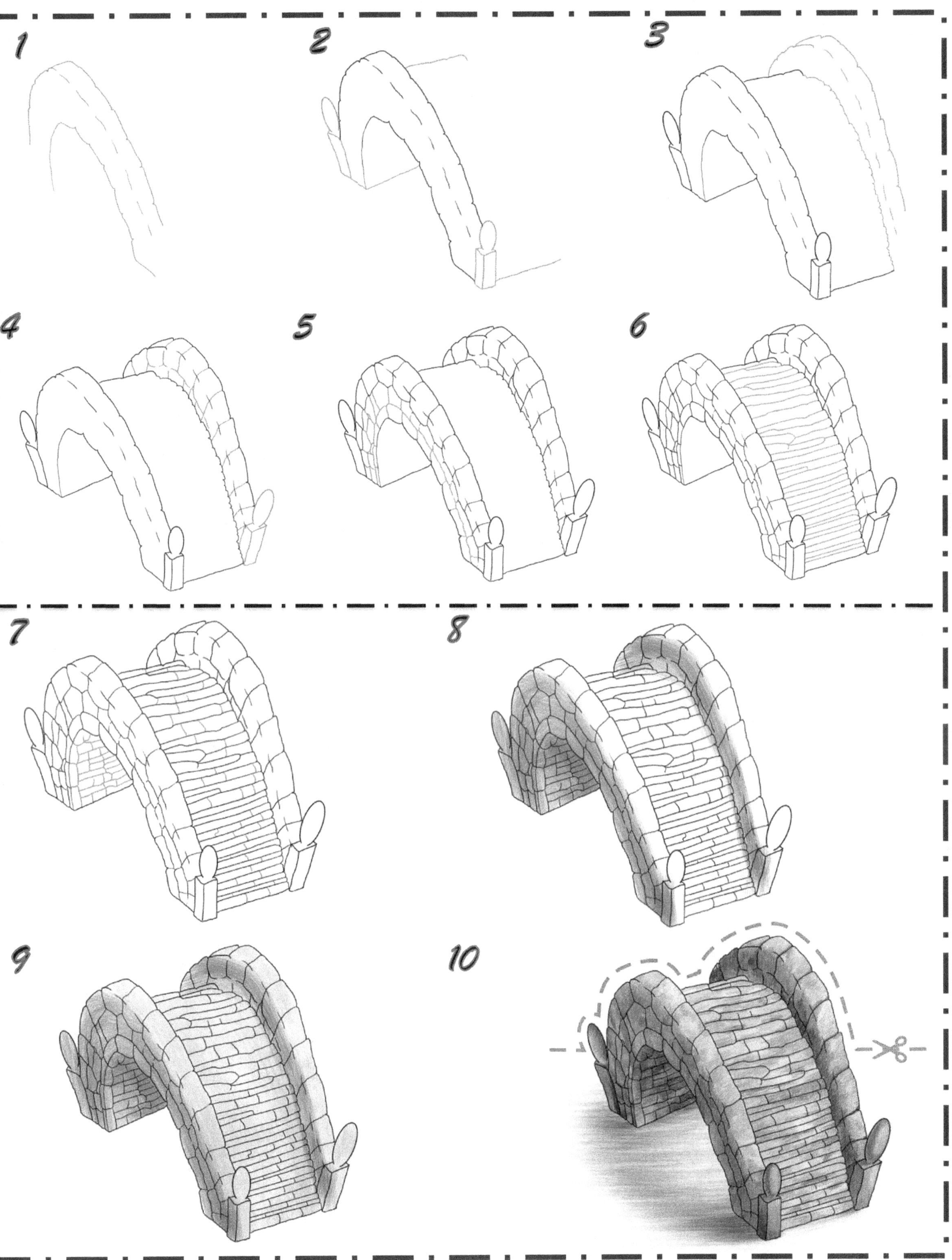

1
2
3
4
5
6
7
8
9
10

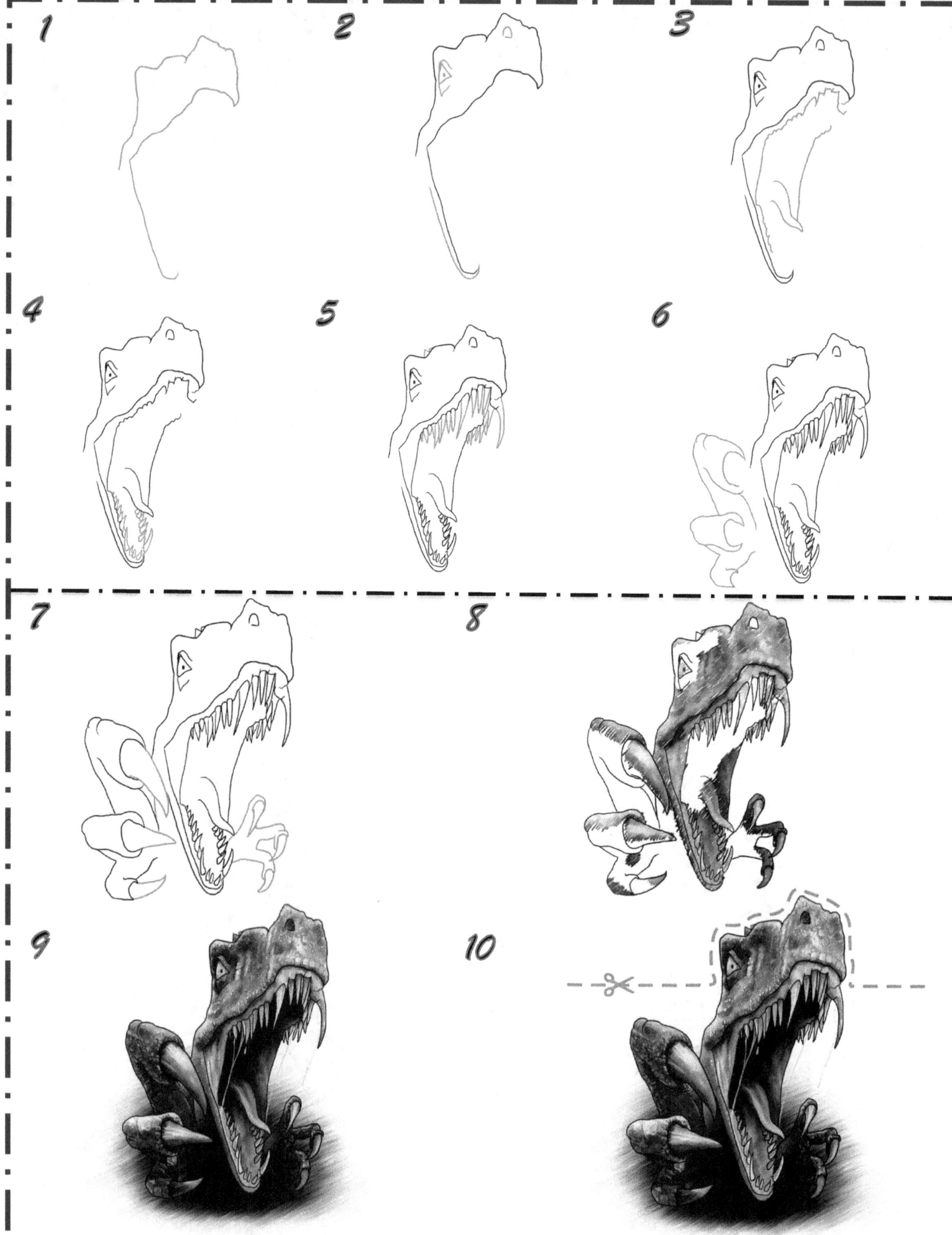
1
2
3
4
5
6
7
8
9
10

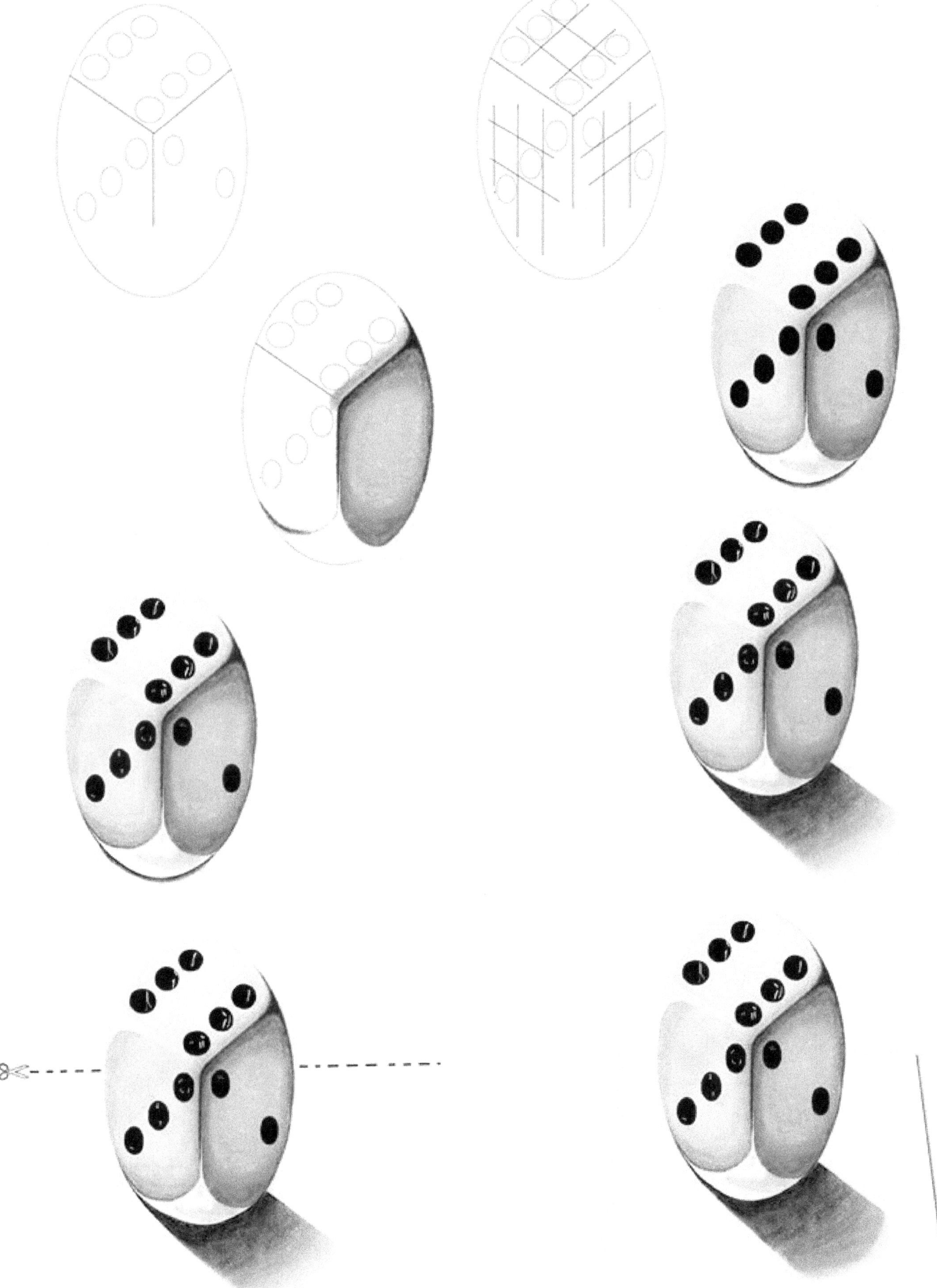

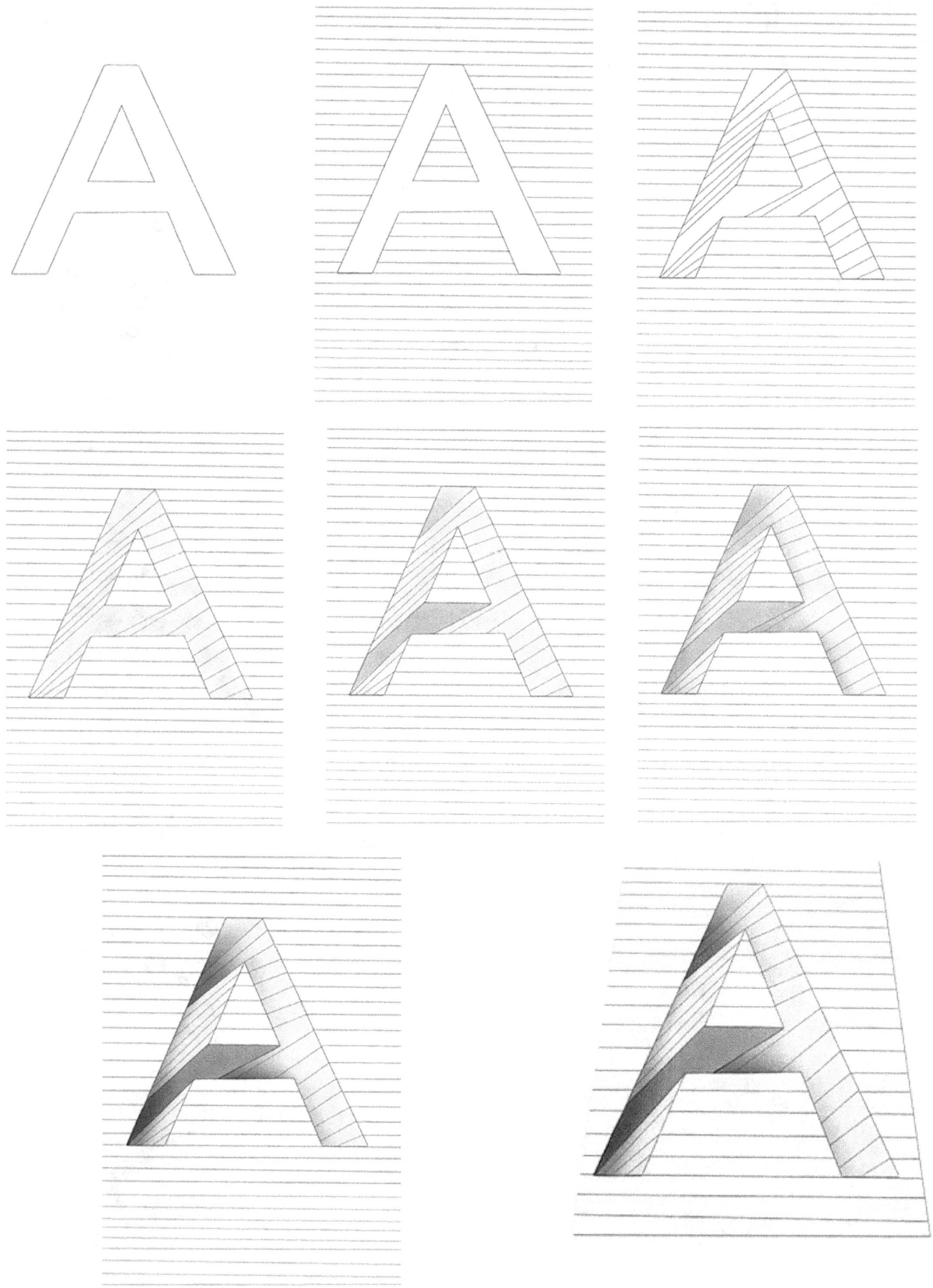

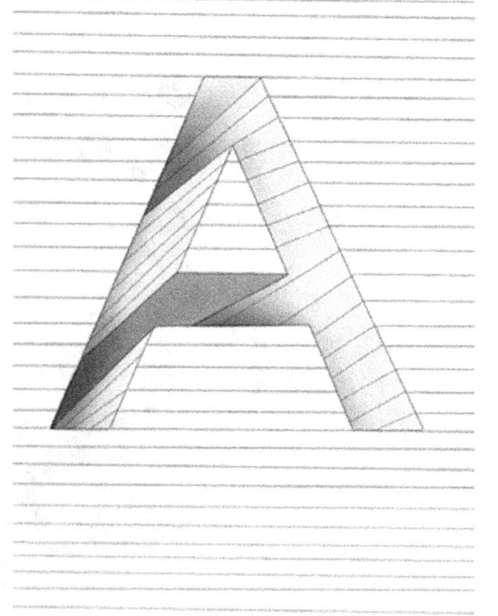
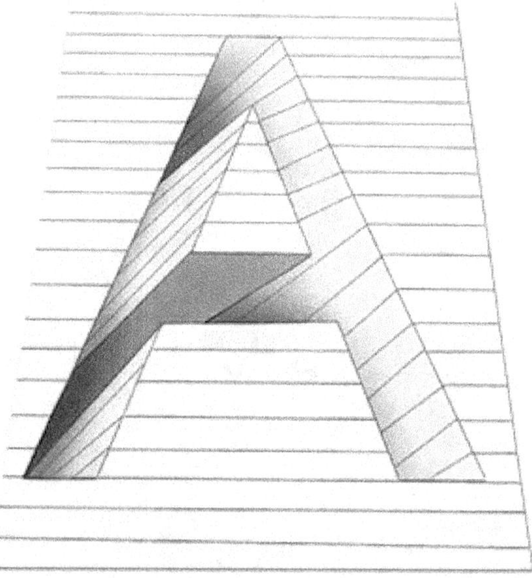

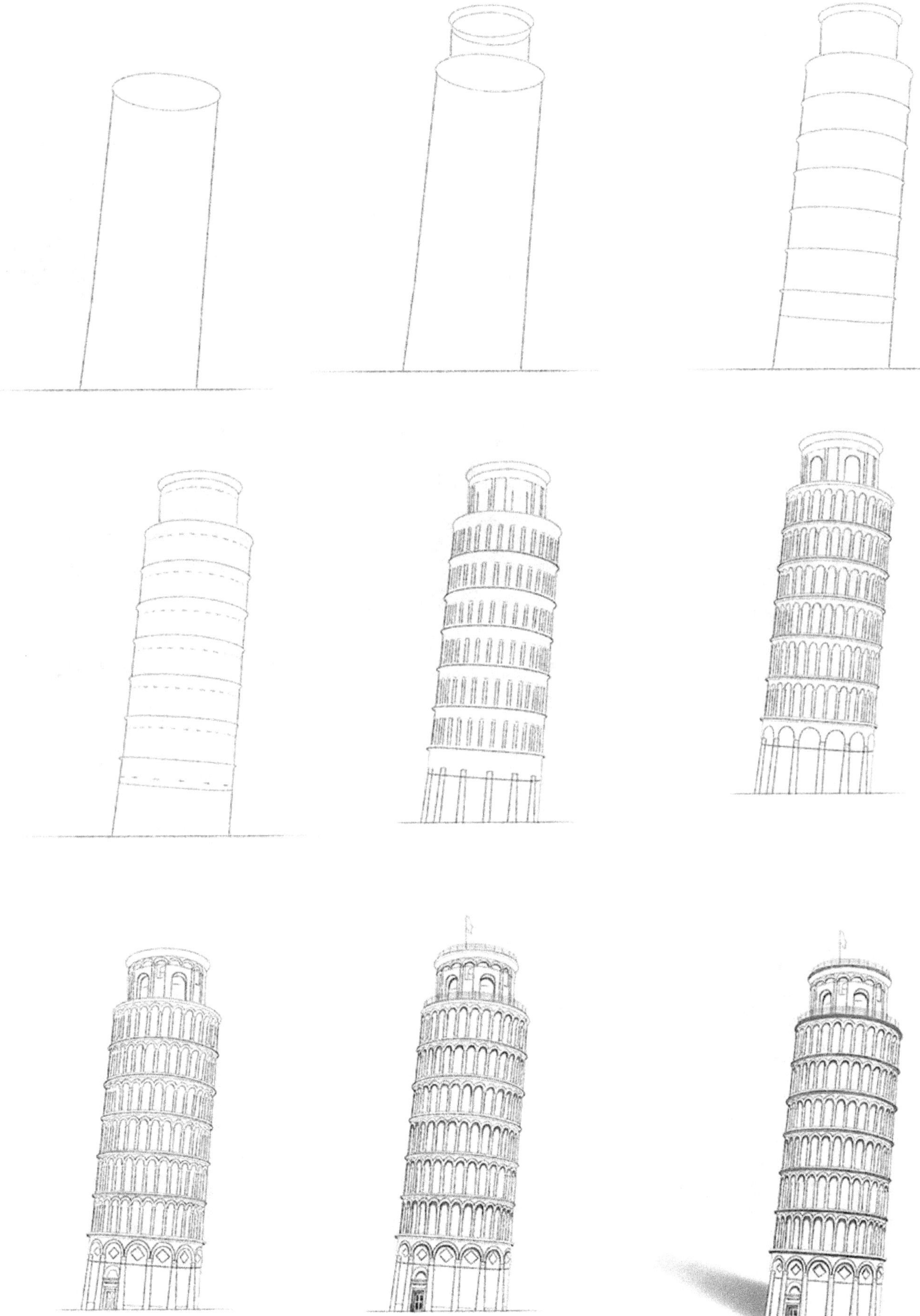

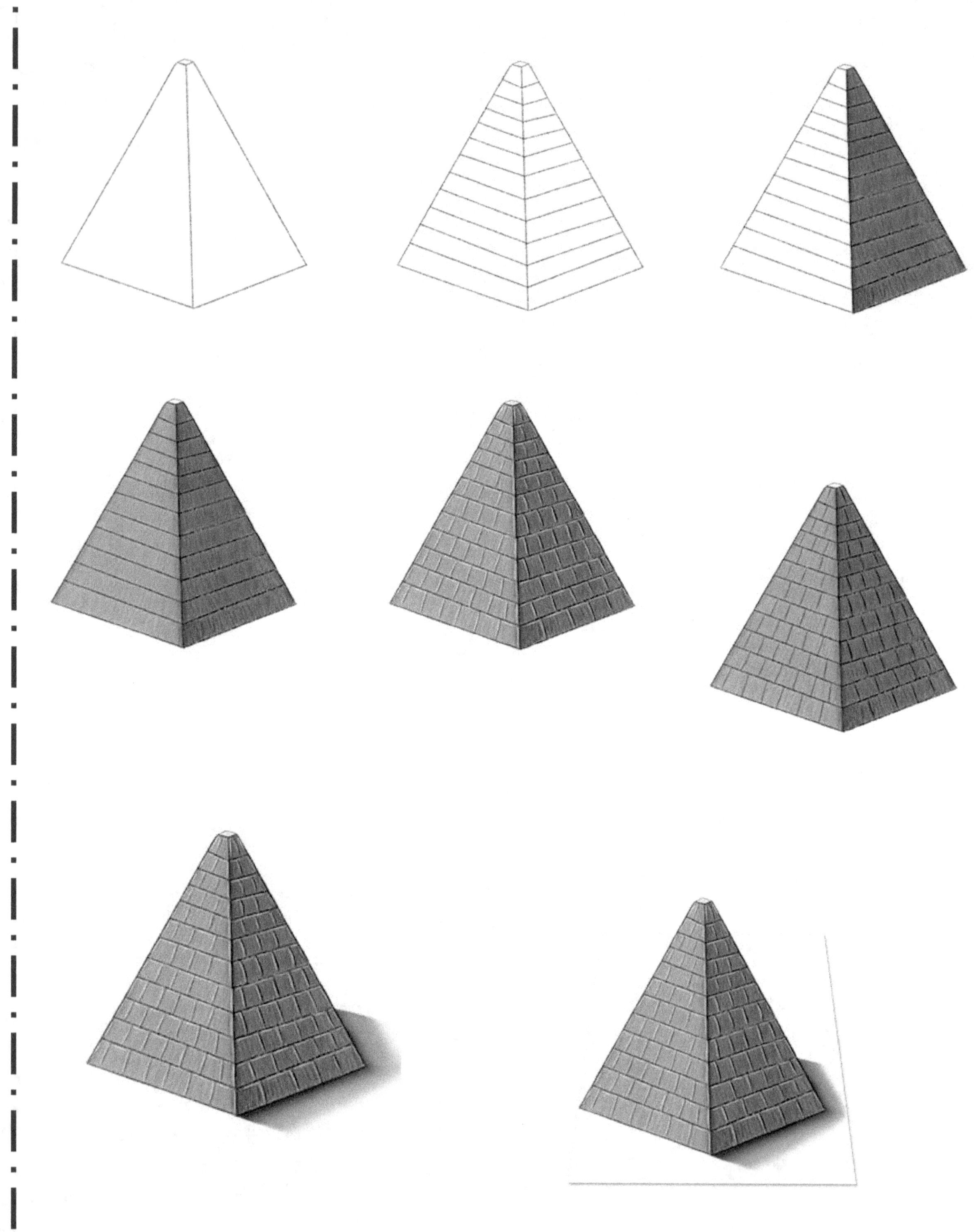

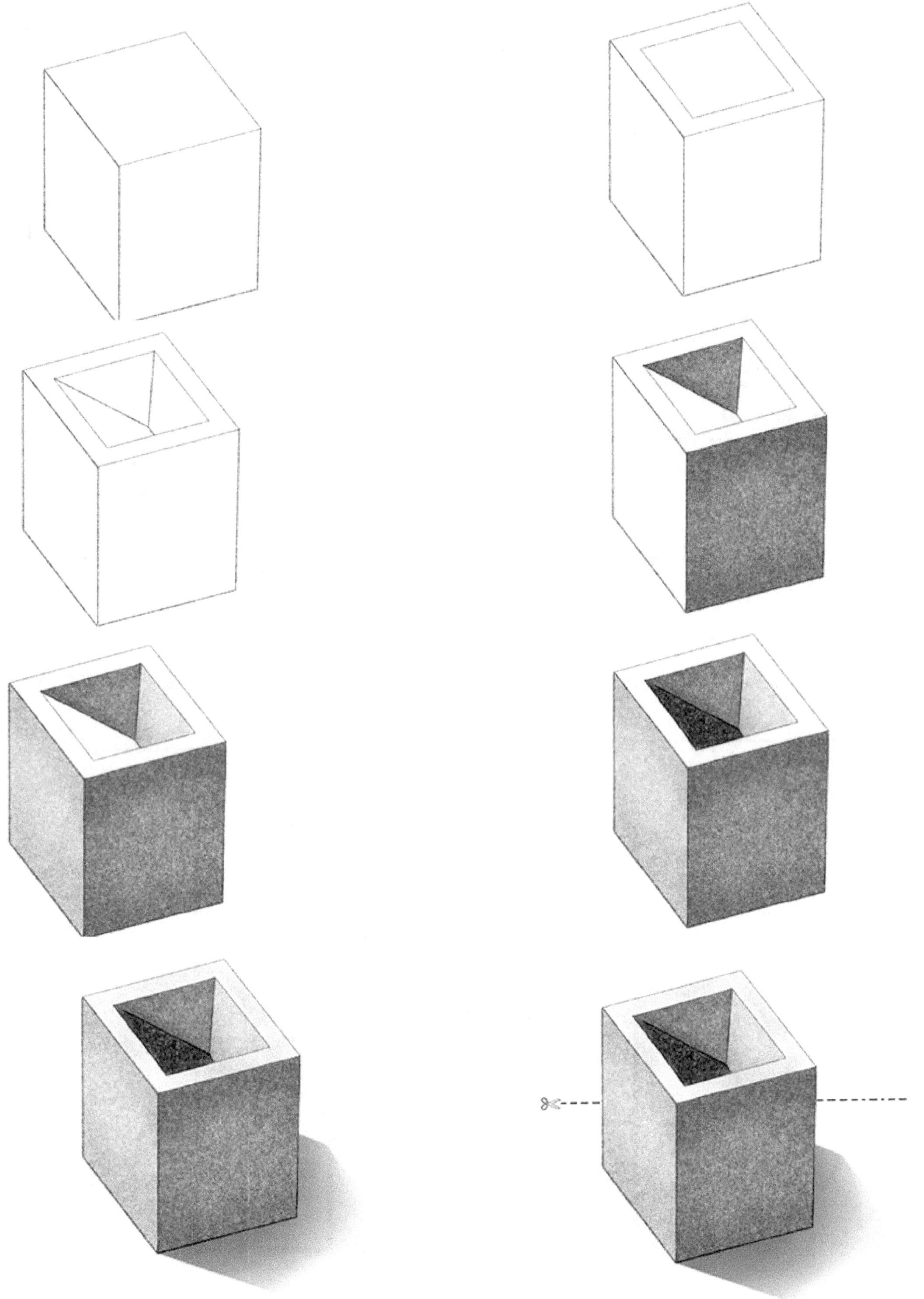

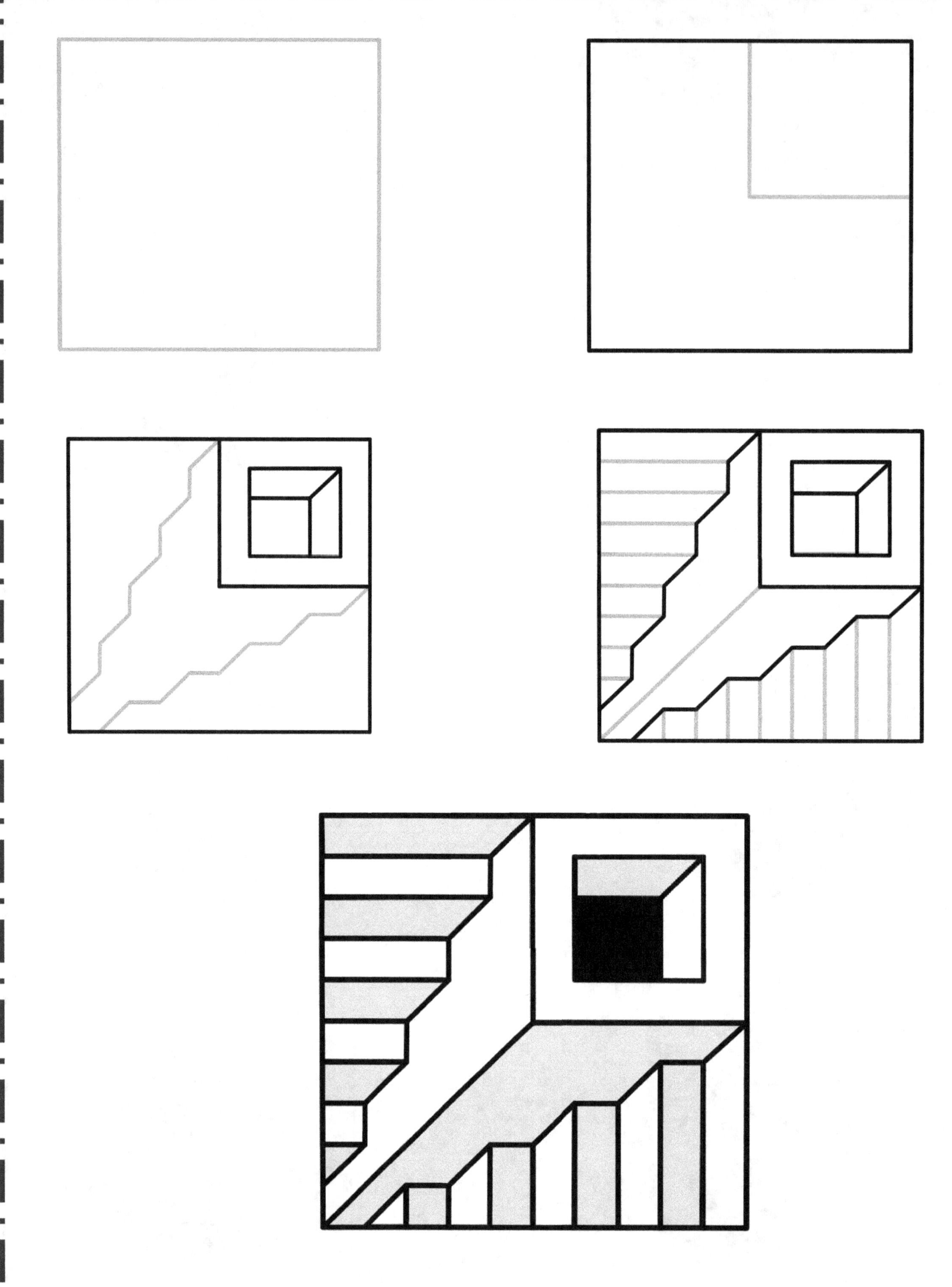

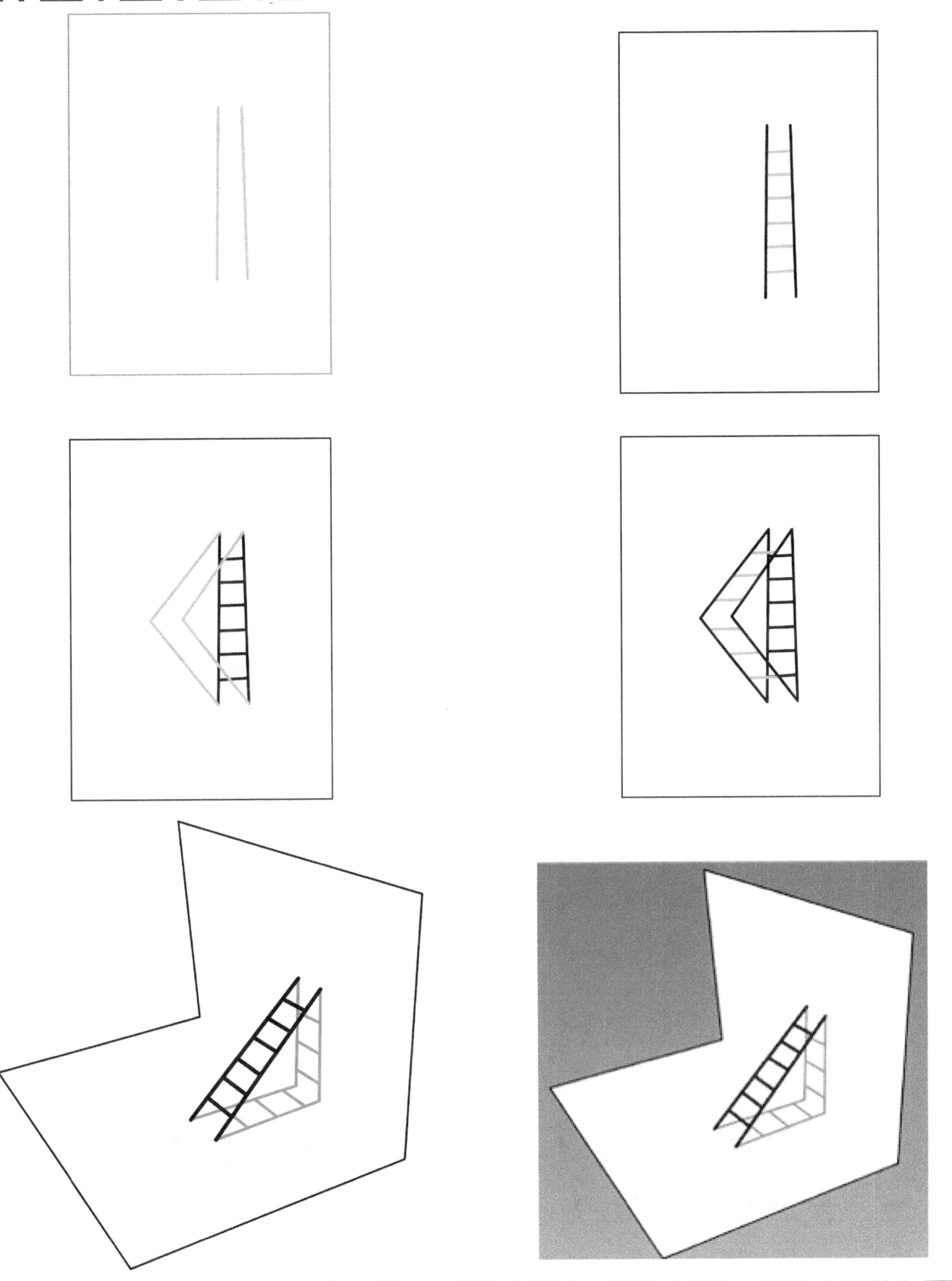

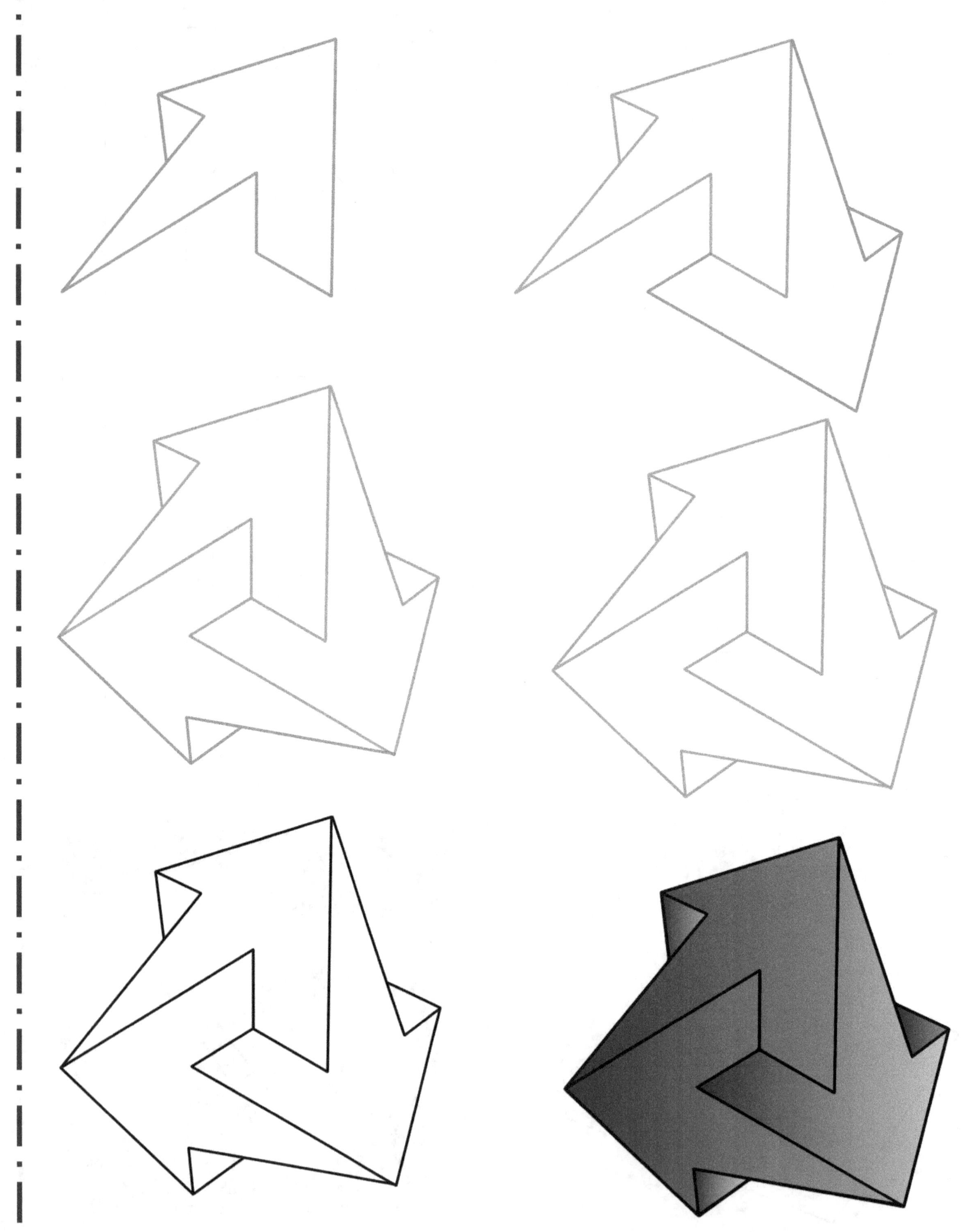

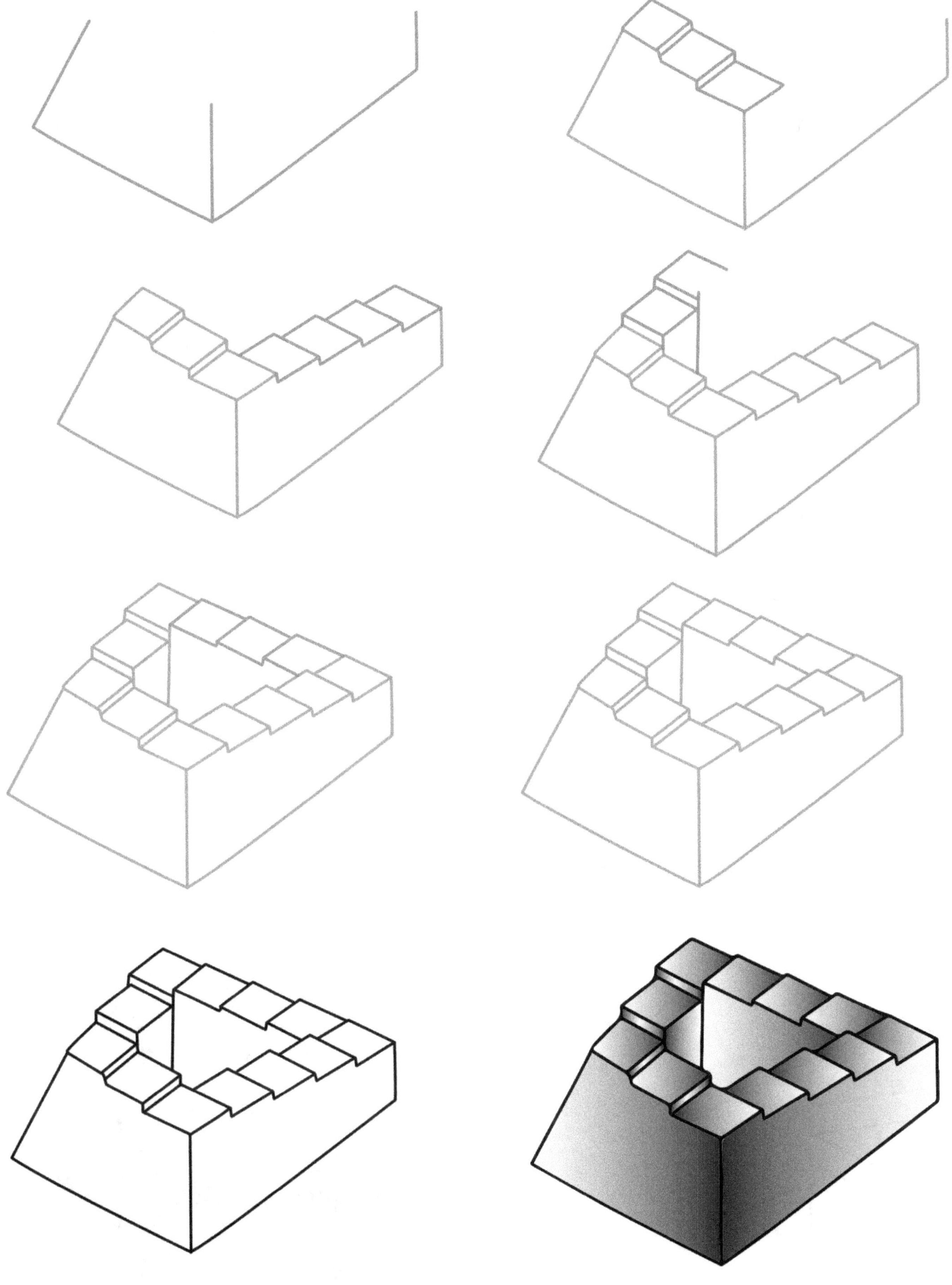

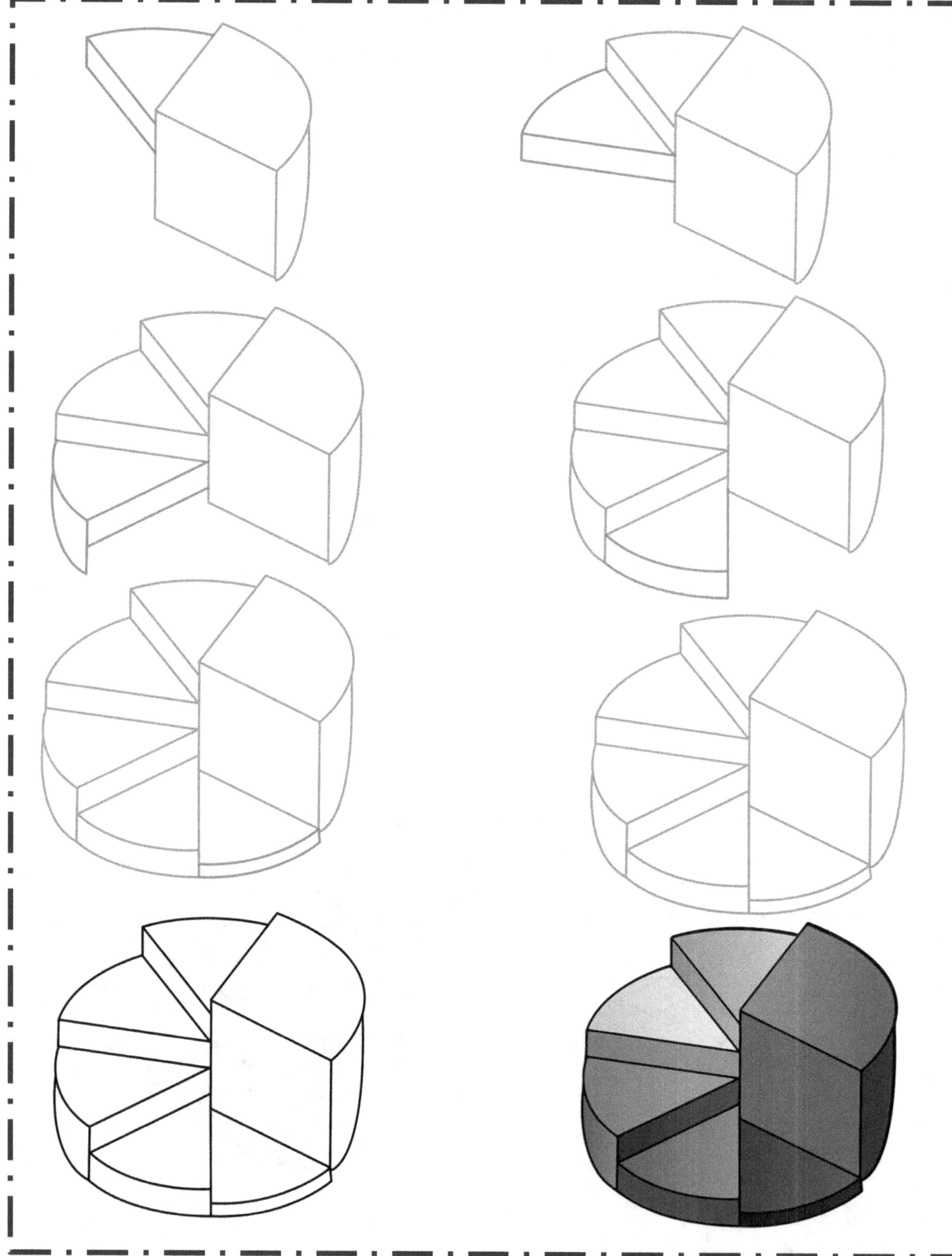

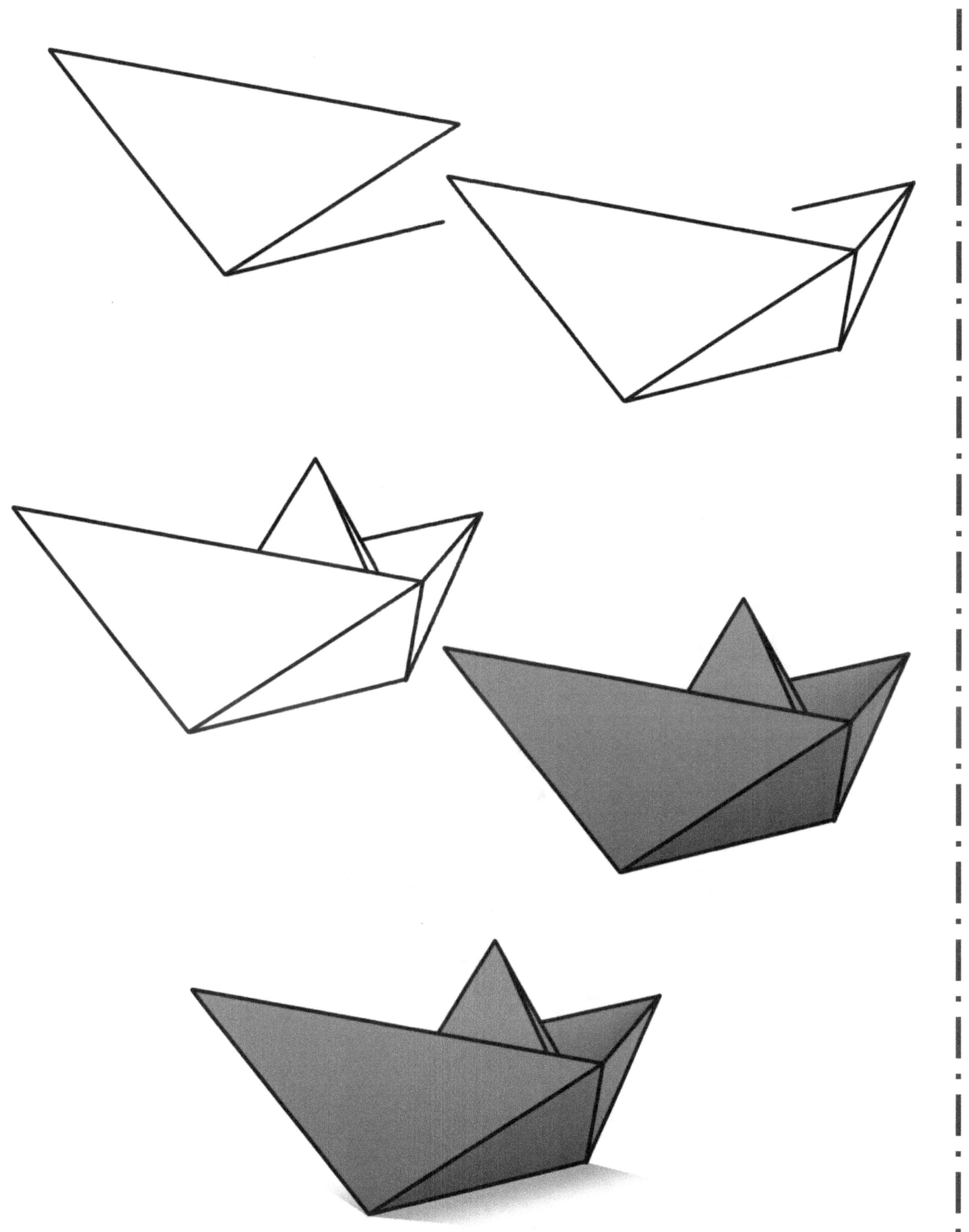

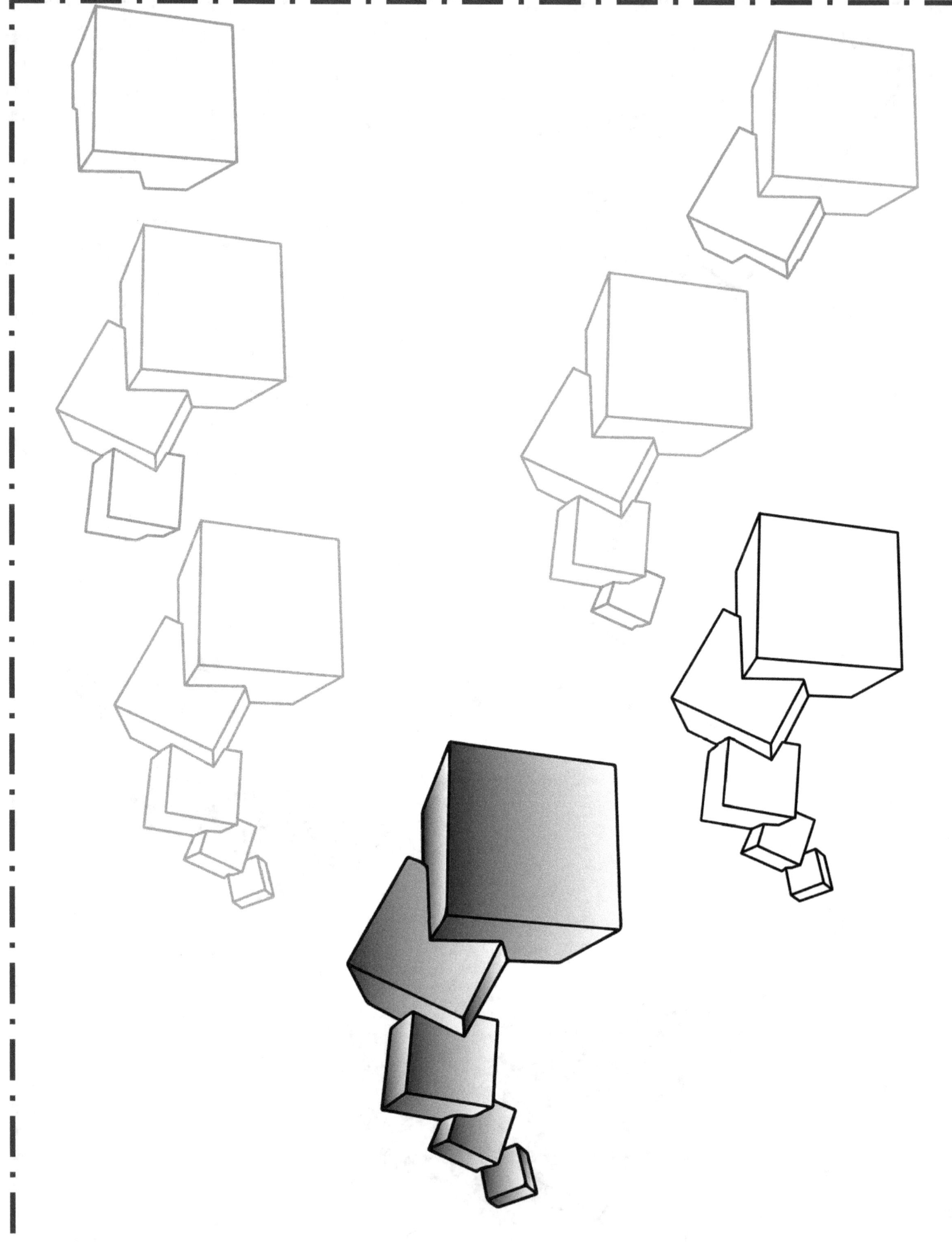

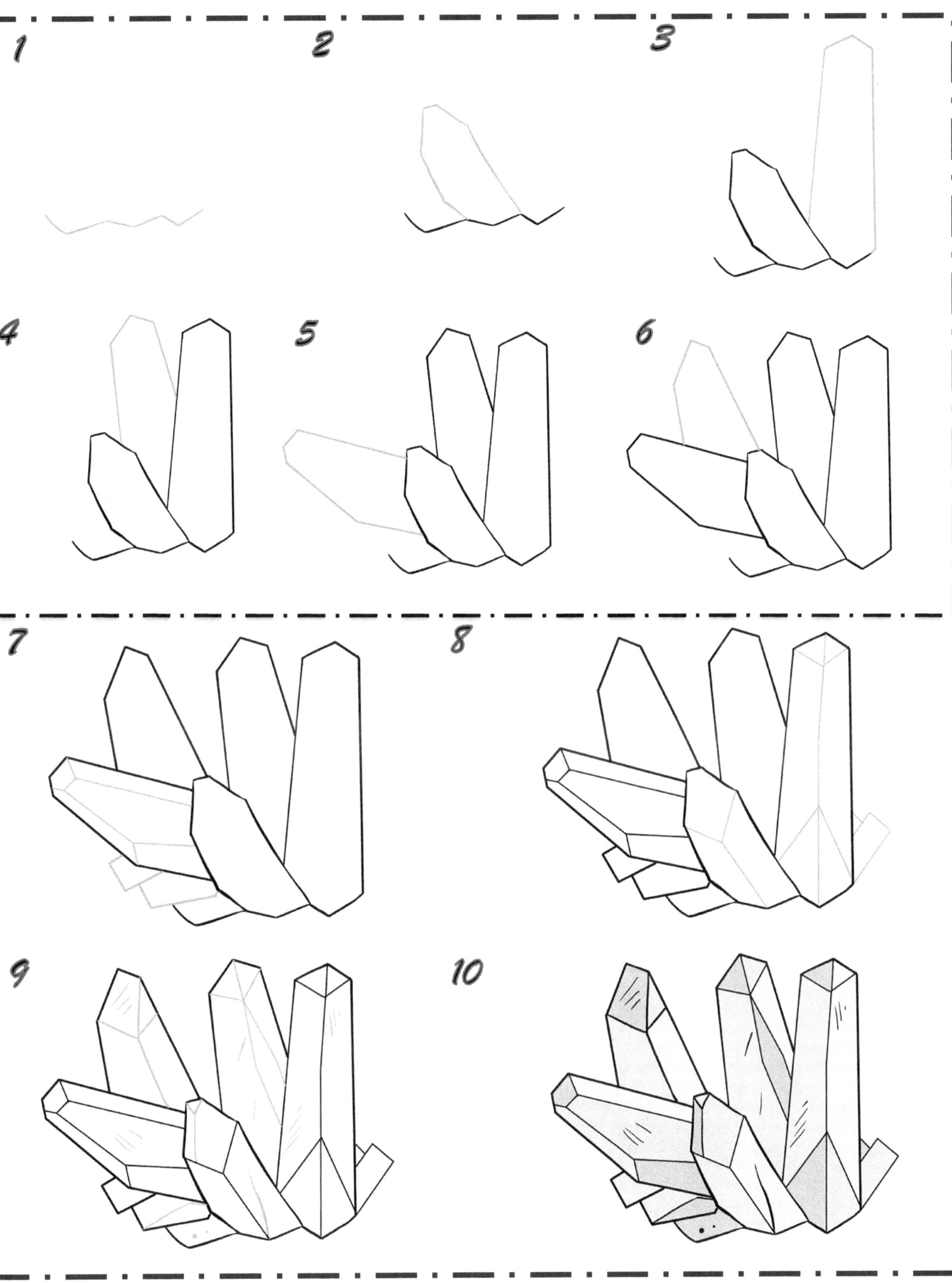
1
2
3
4
5
6
7
8
9
10

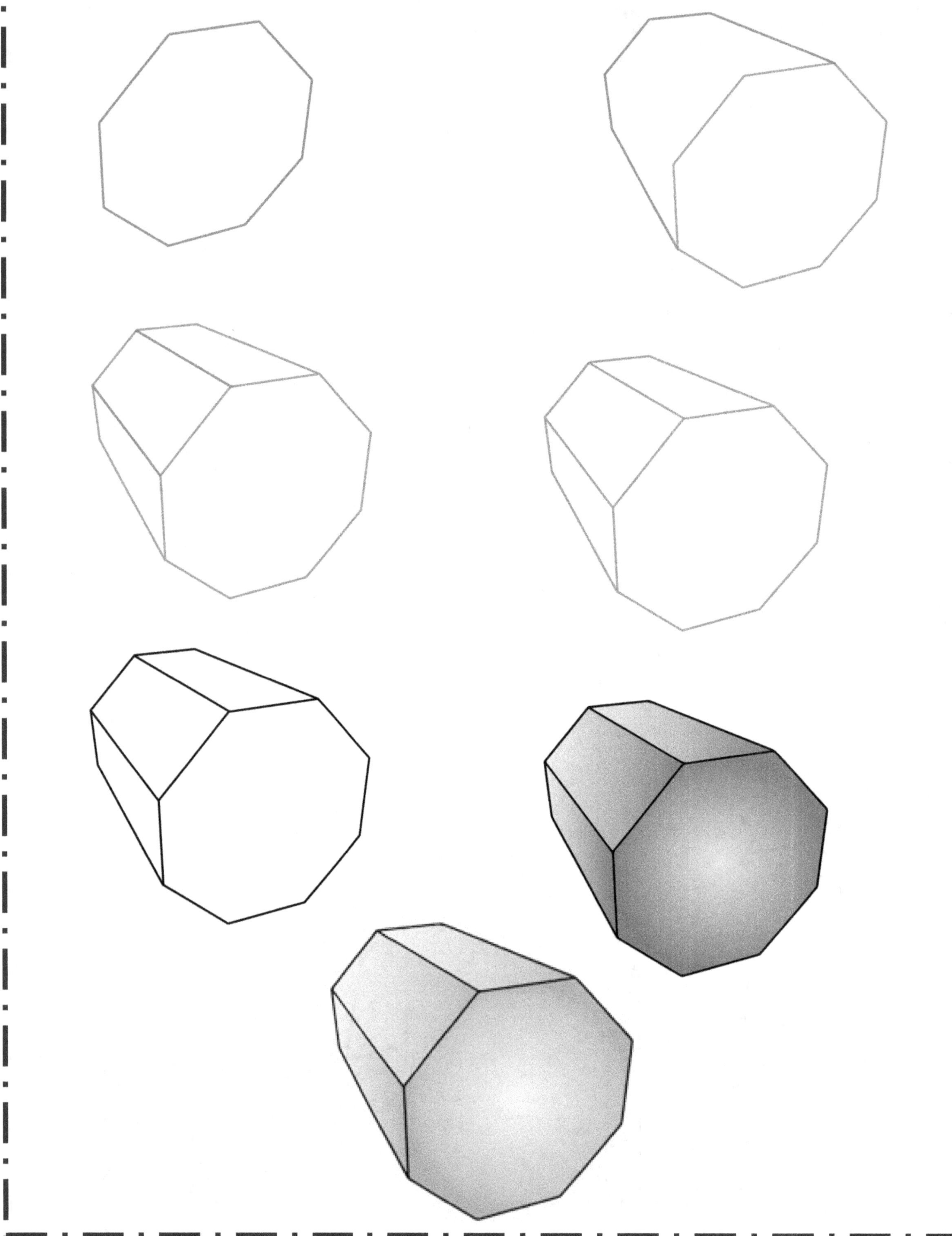

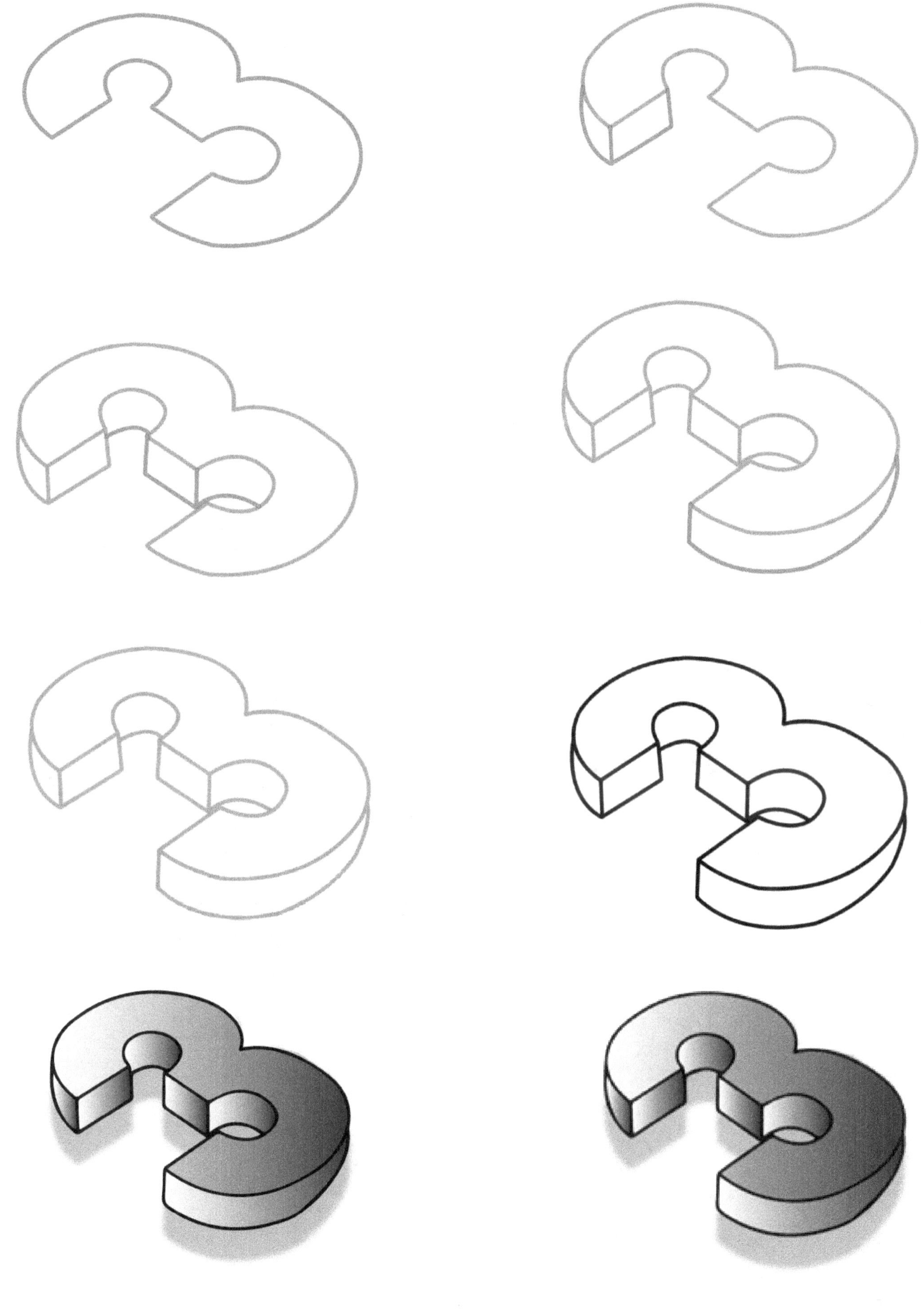

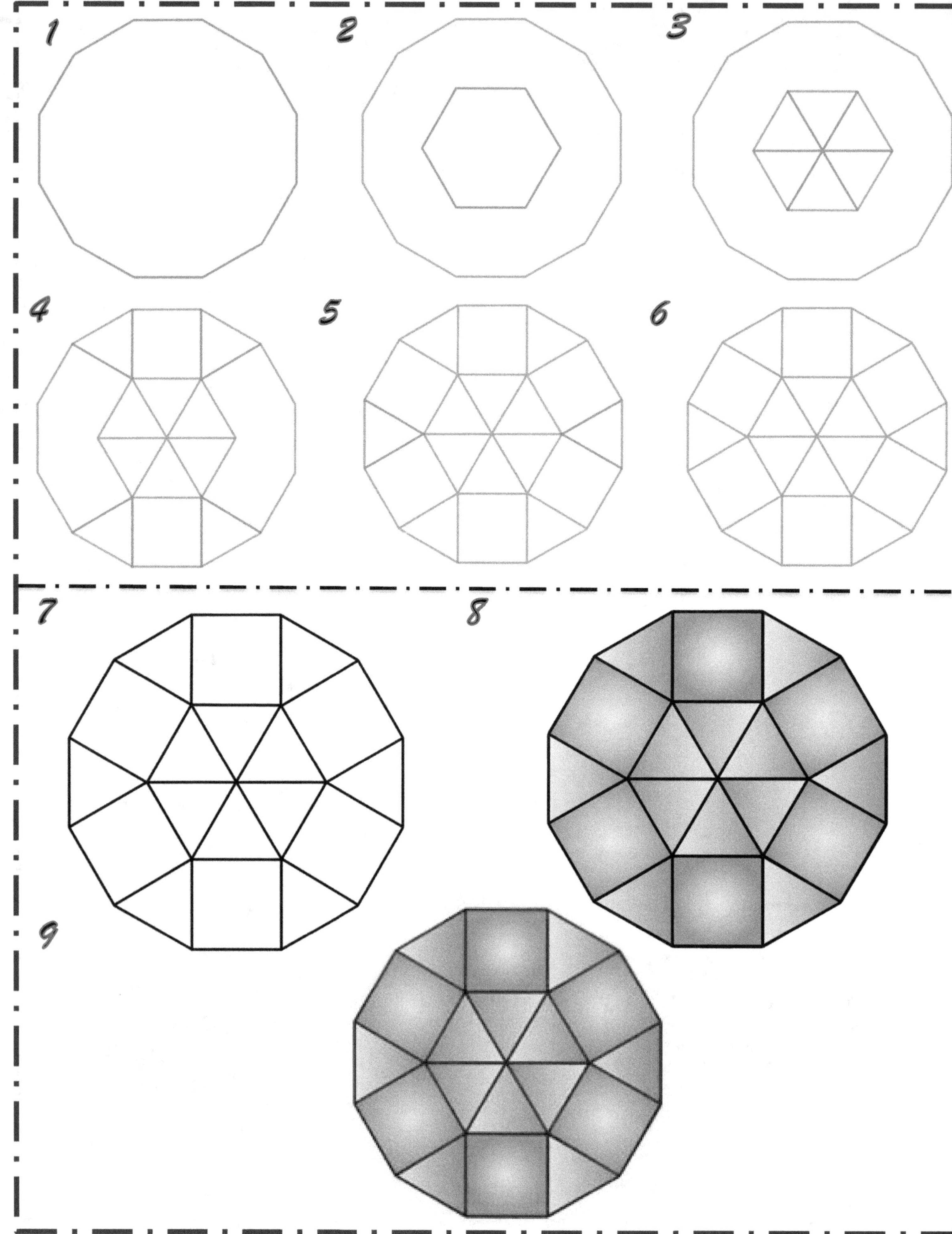

1
2
3
4
5
6
7
8
9

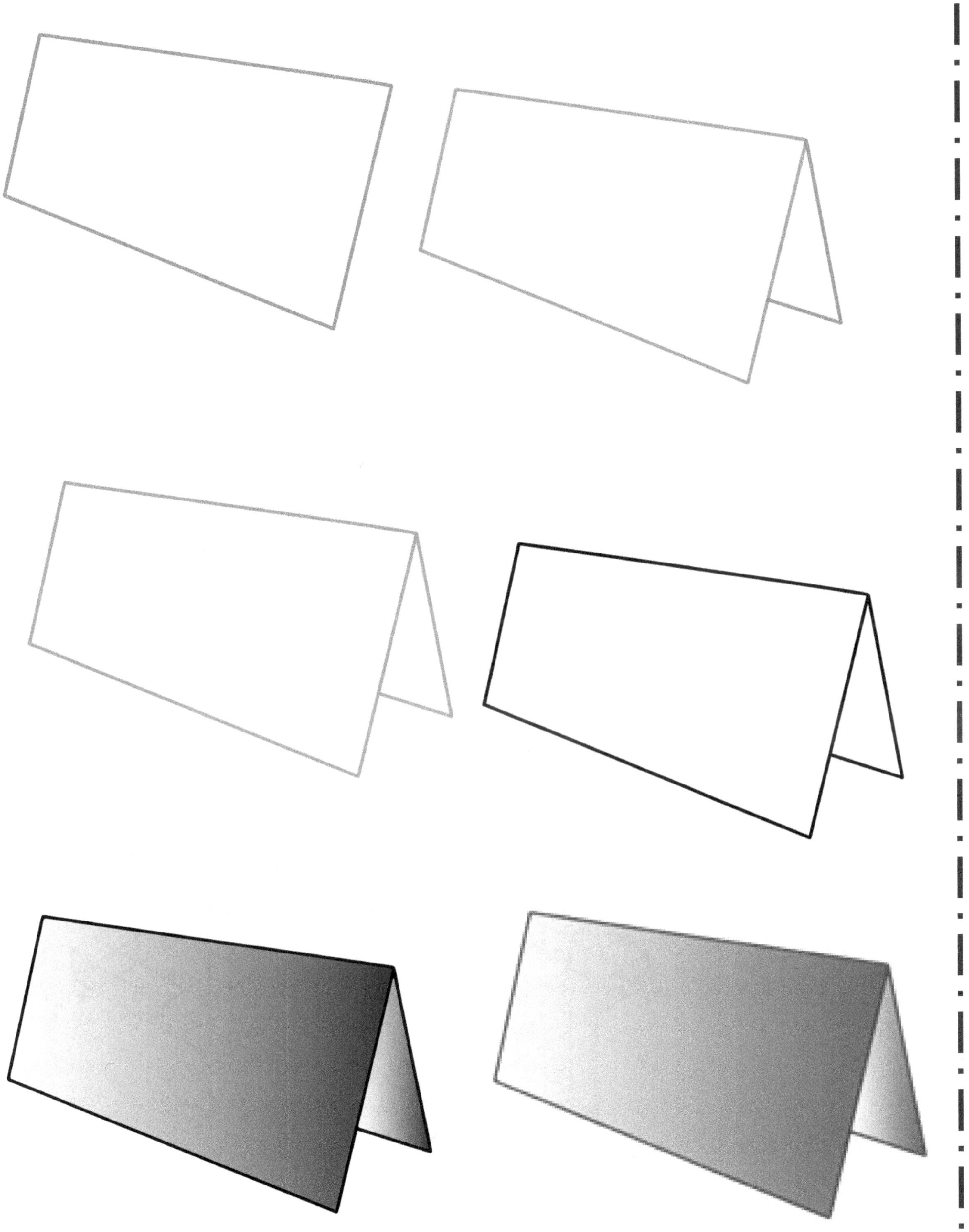

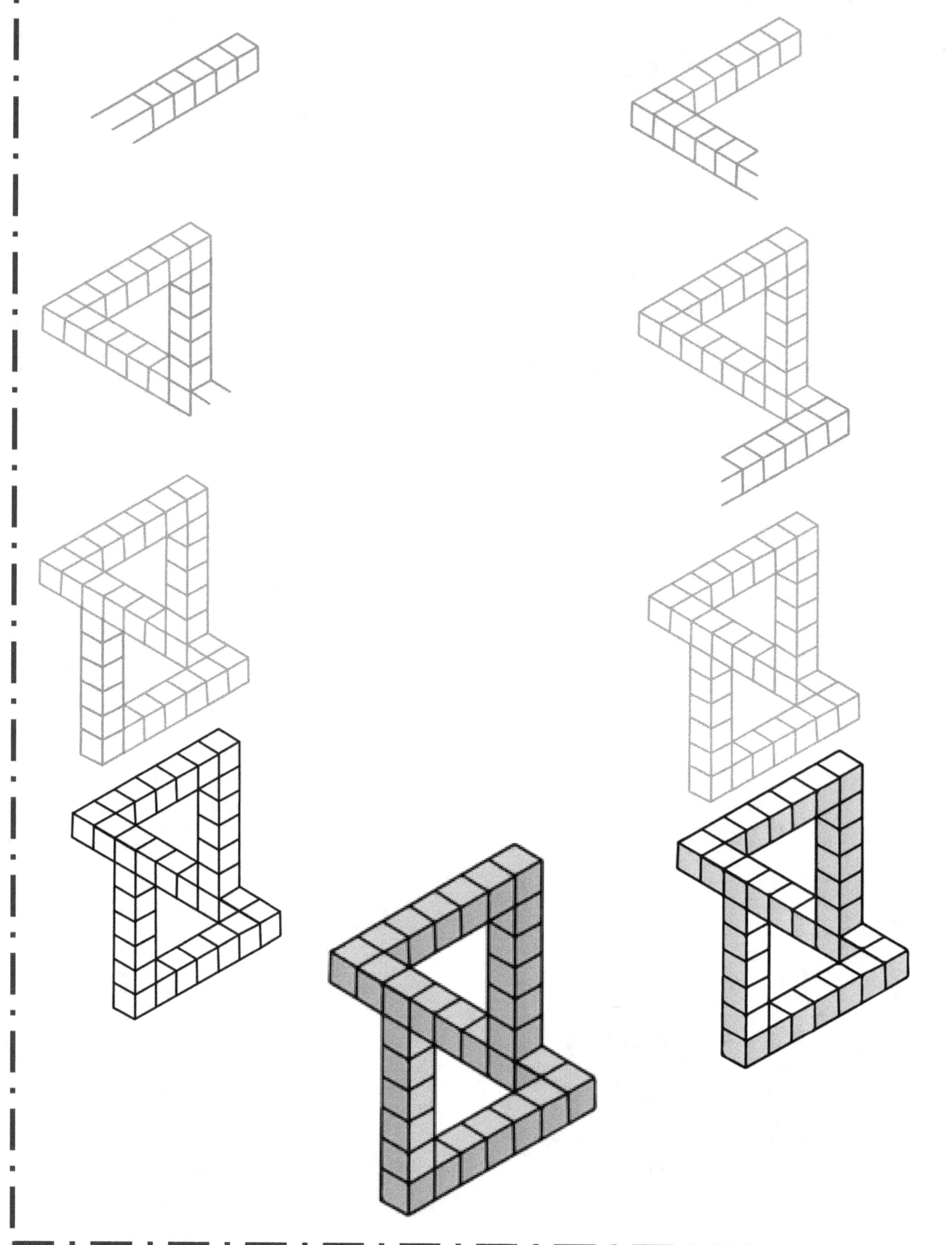

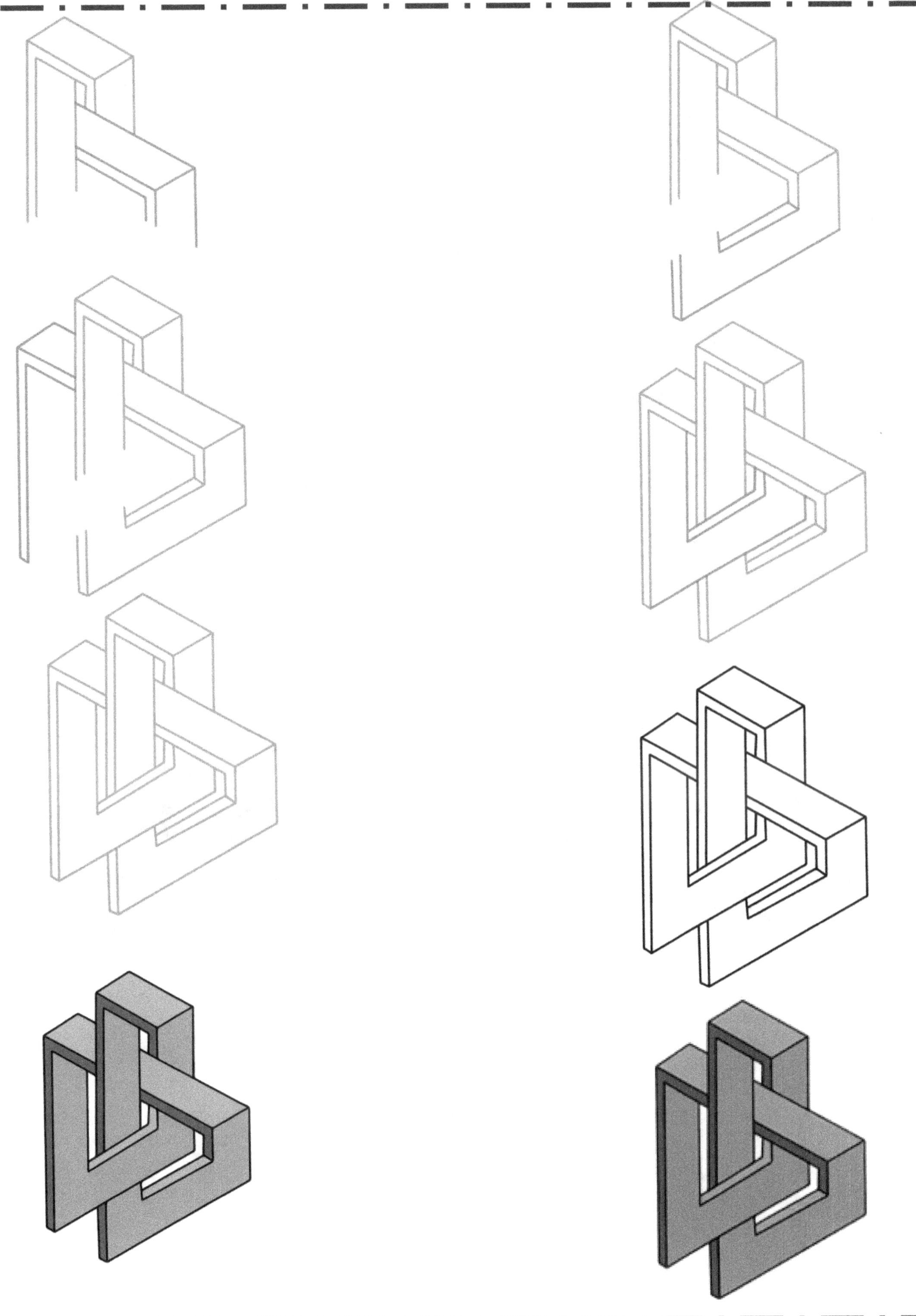

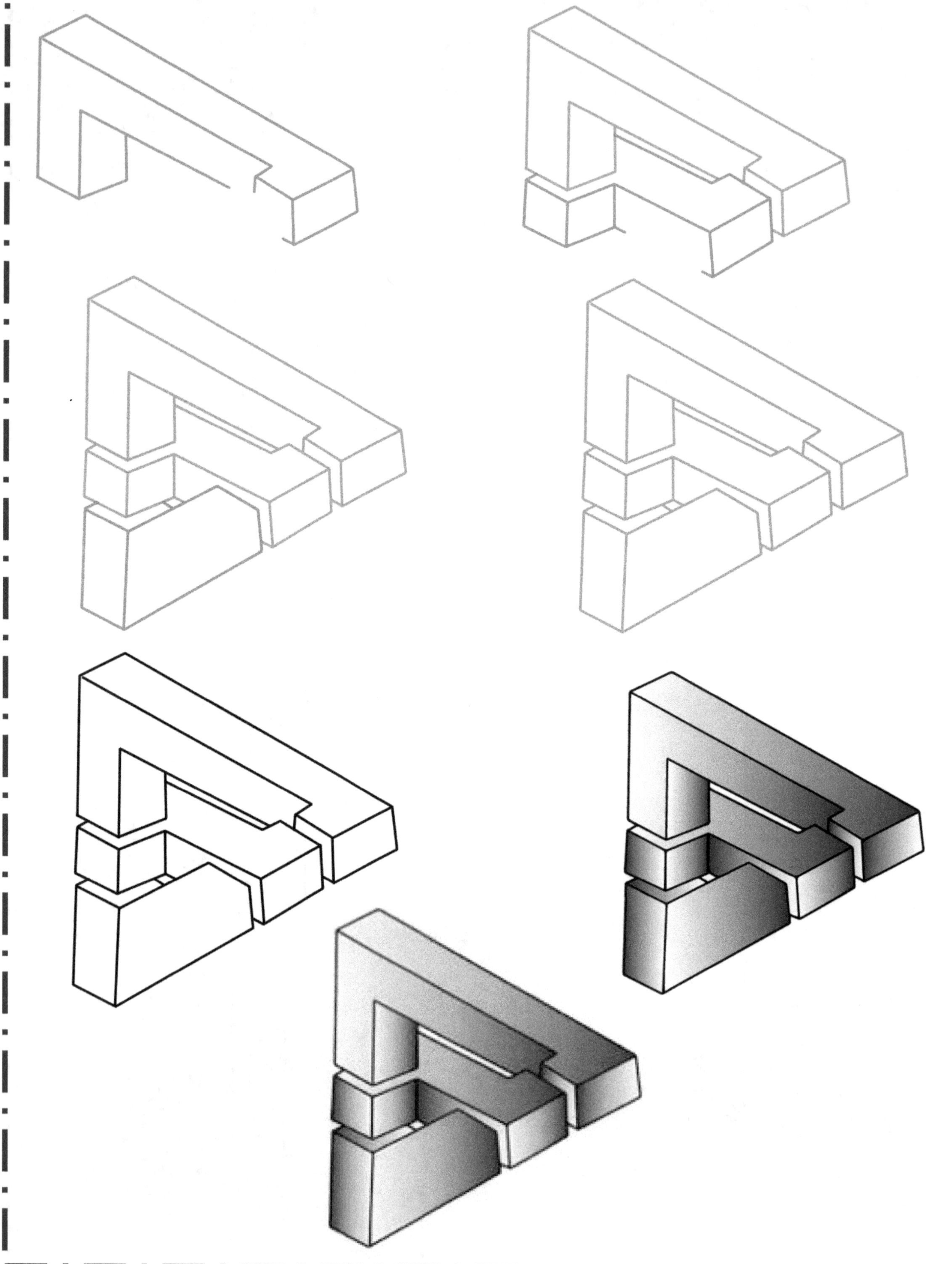

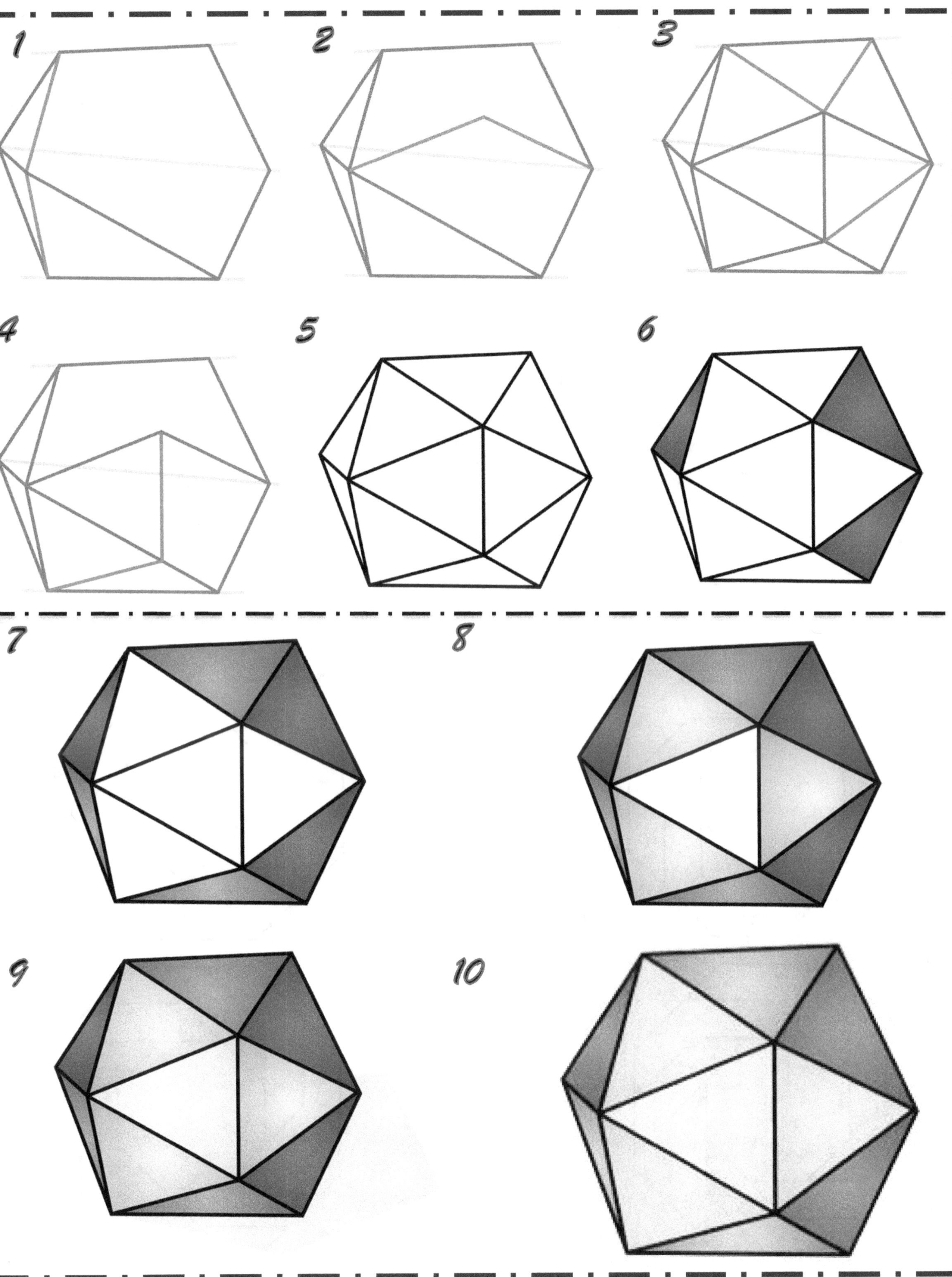
1
2
3
4
5
6
7
8
9
10

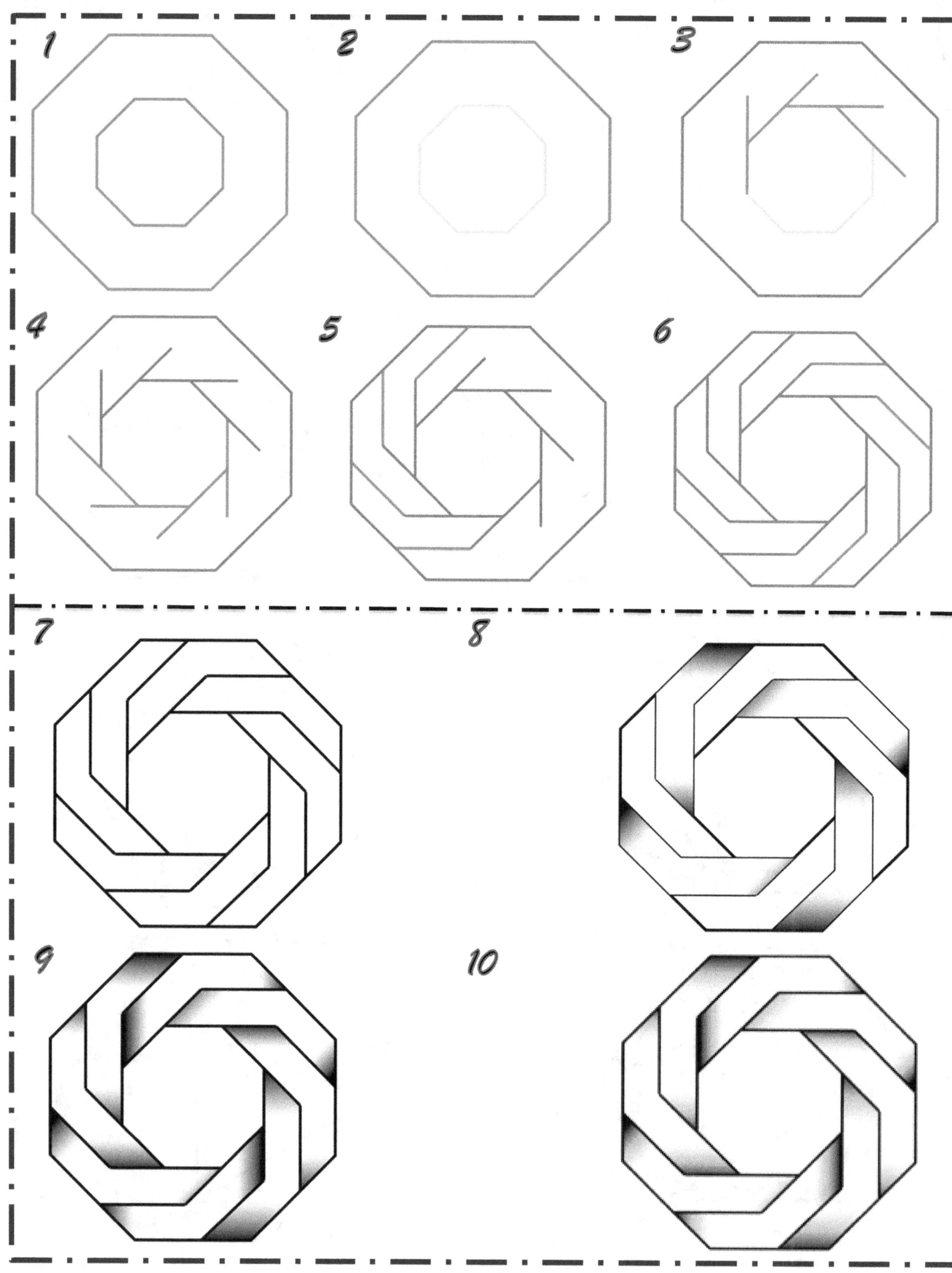
1
2
3
4
5
6
7
8
9
10

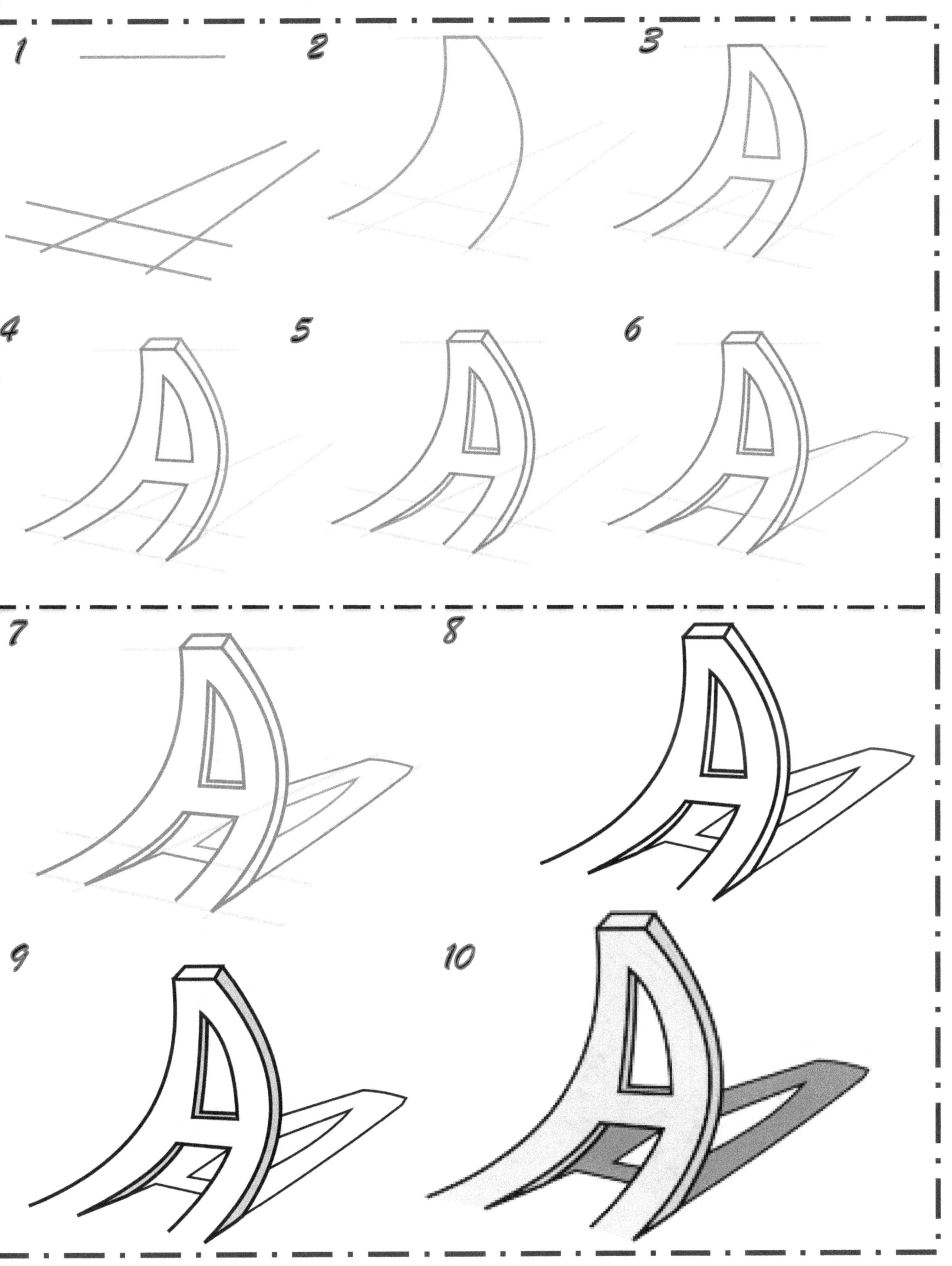
1
2
3
4
5
6
7
8
9
10

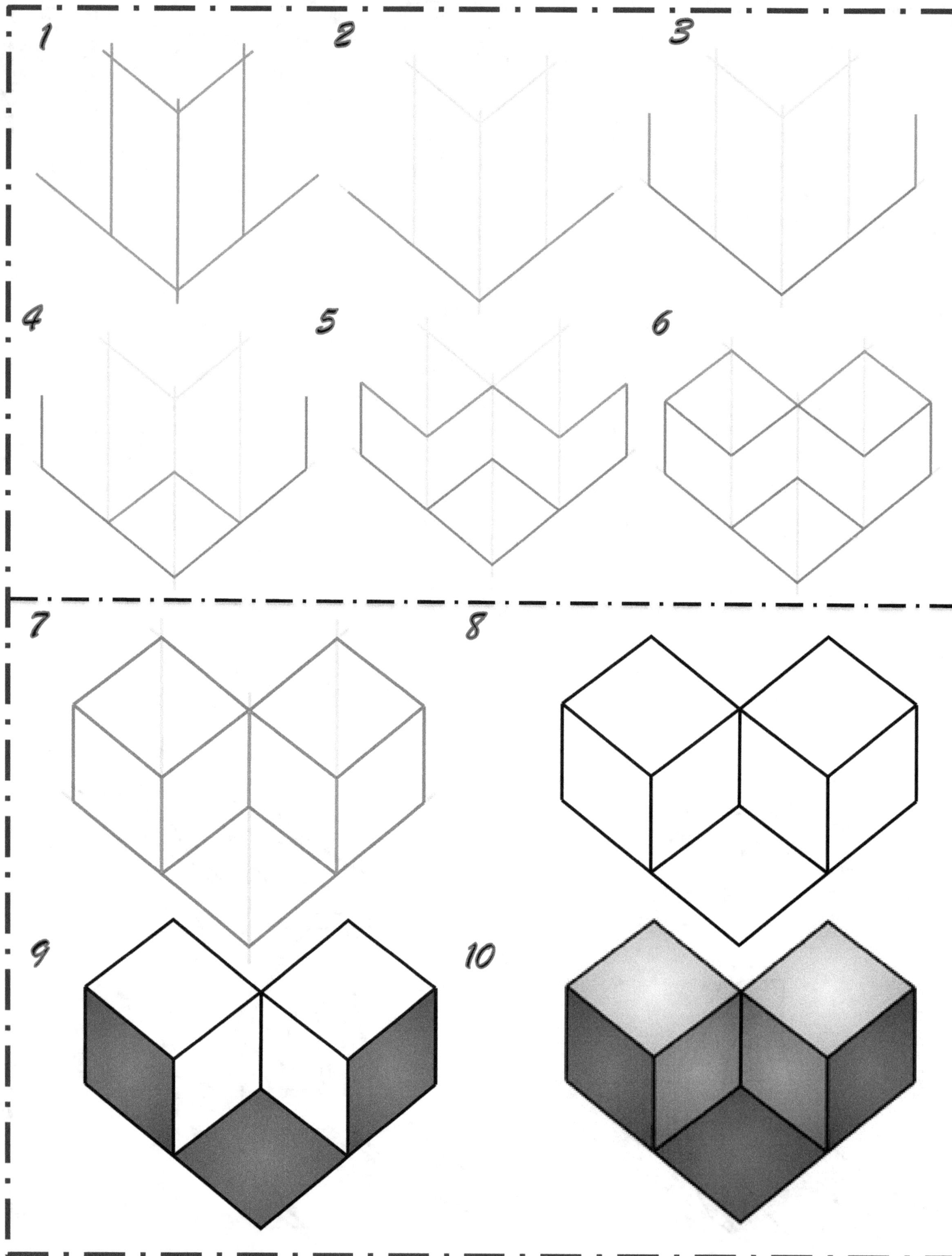
1
2
3
4
5
6
7
8
9
10

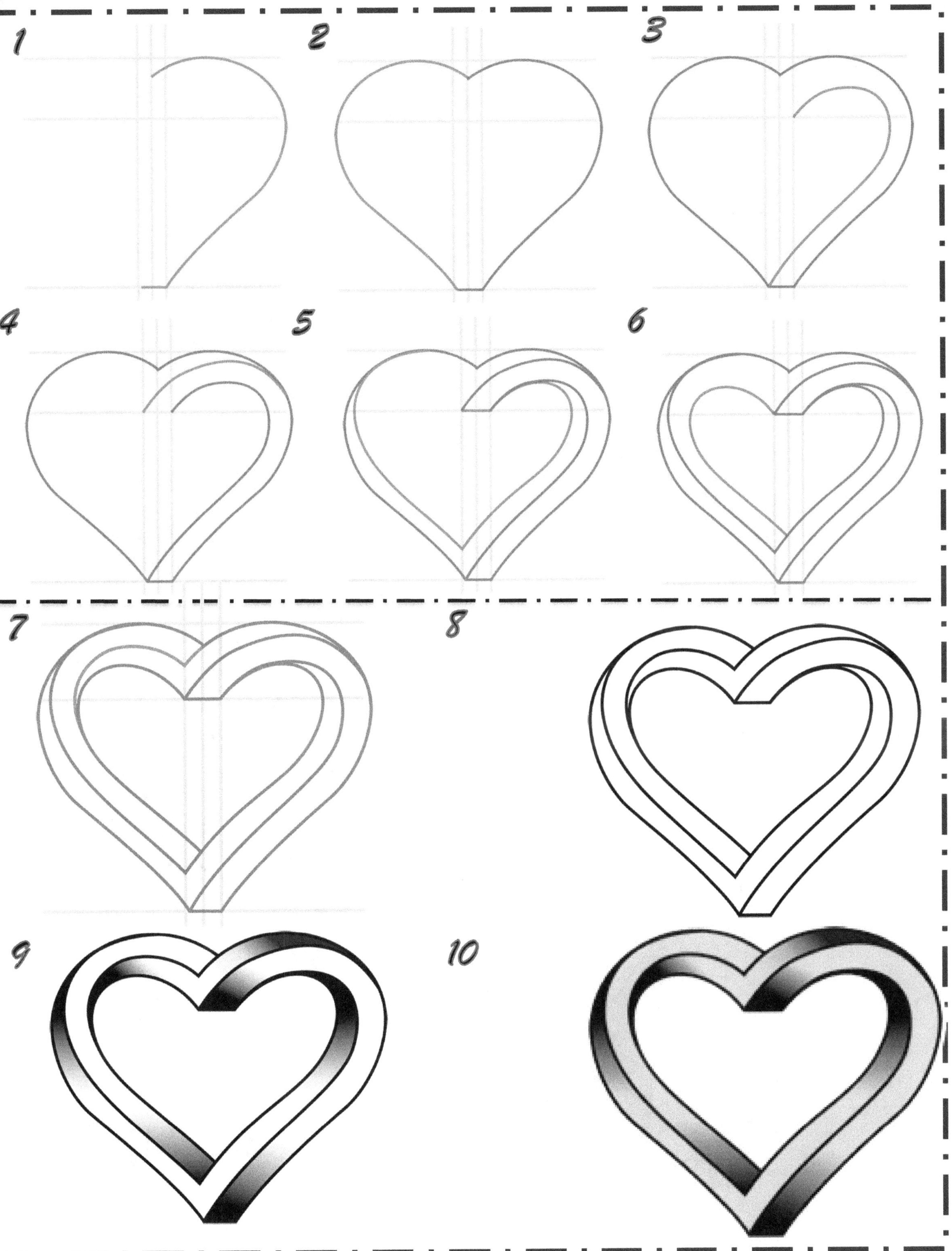
1
2
3
4
5
6
7
8
9
10

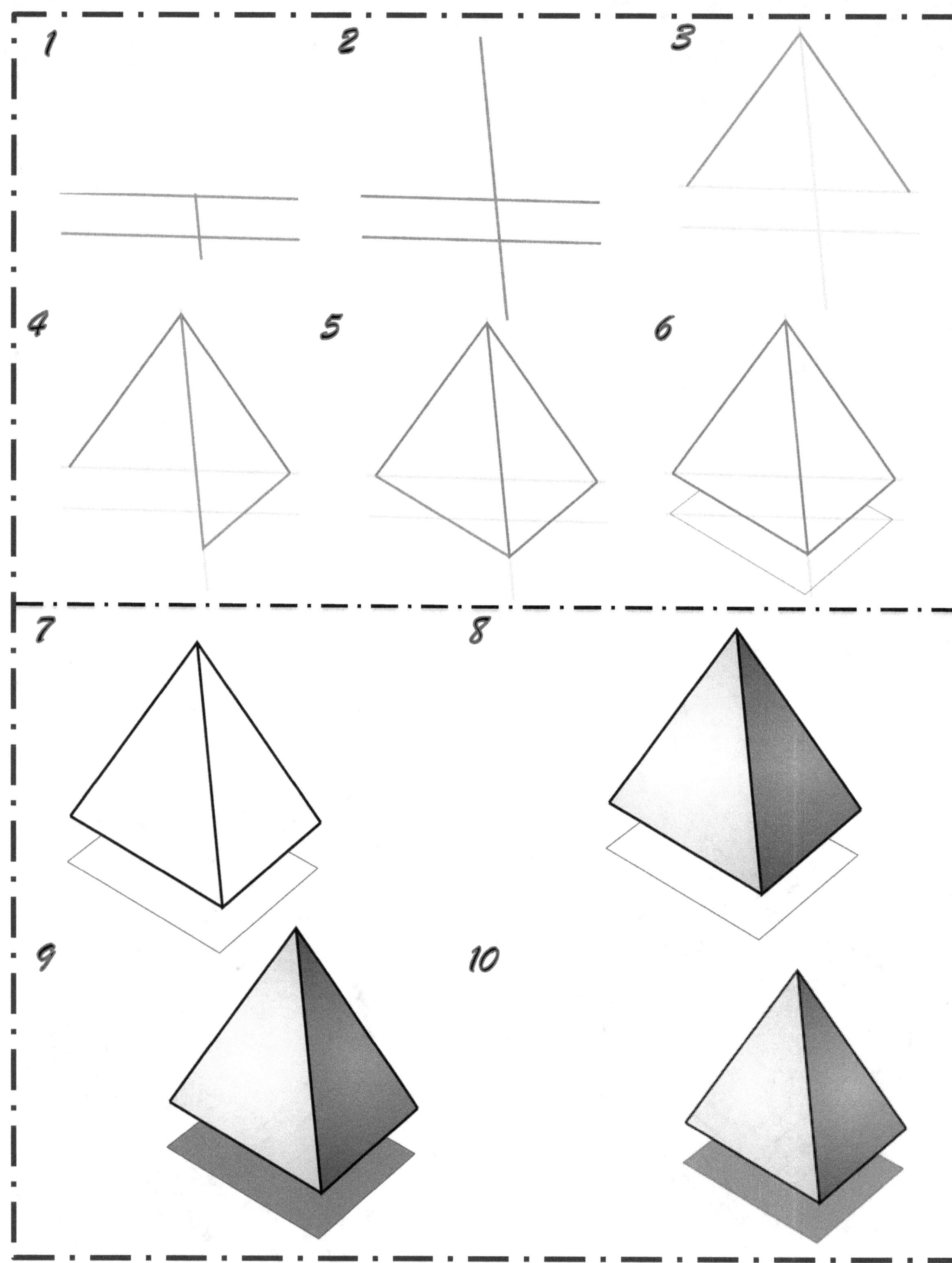
1
2
3
4
5
6
7
8
9
10

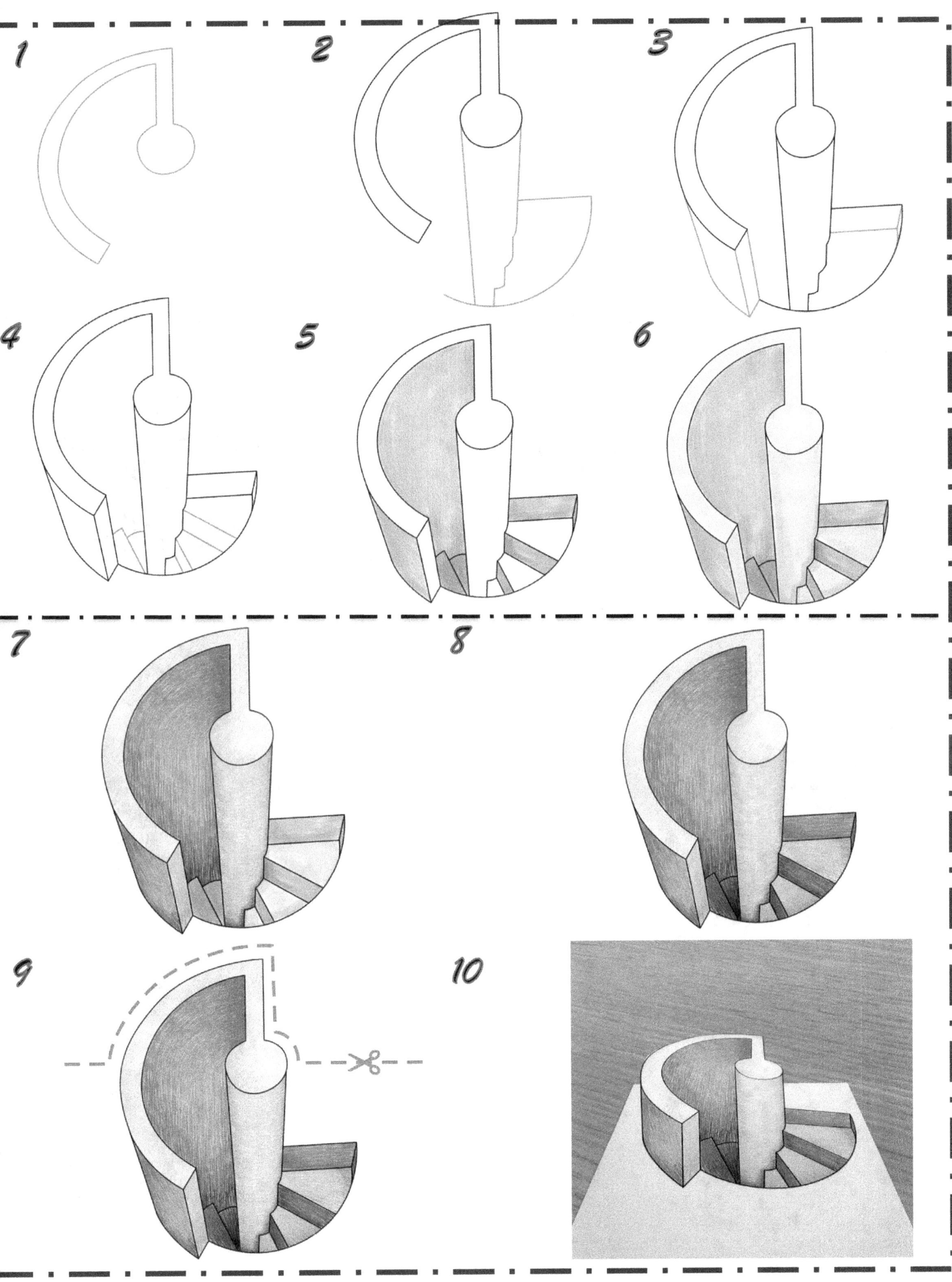

1
2
3
4
5
6
7
8
9
10

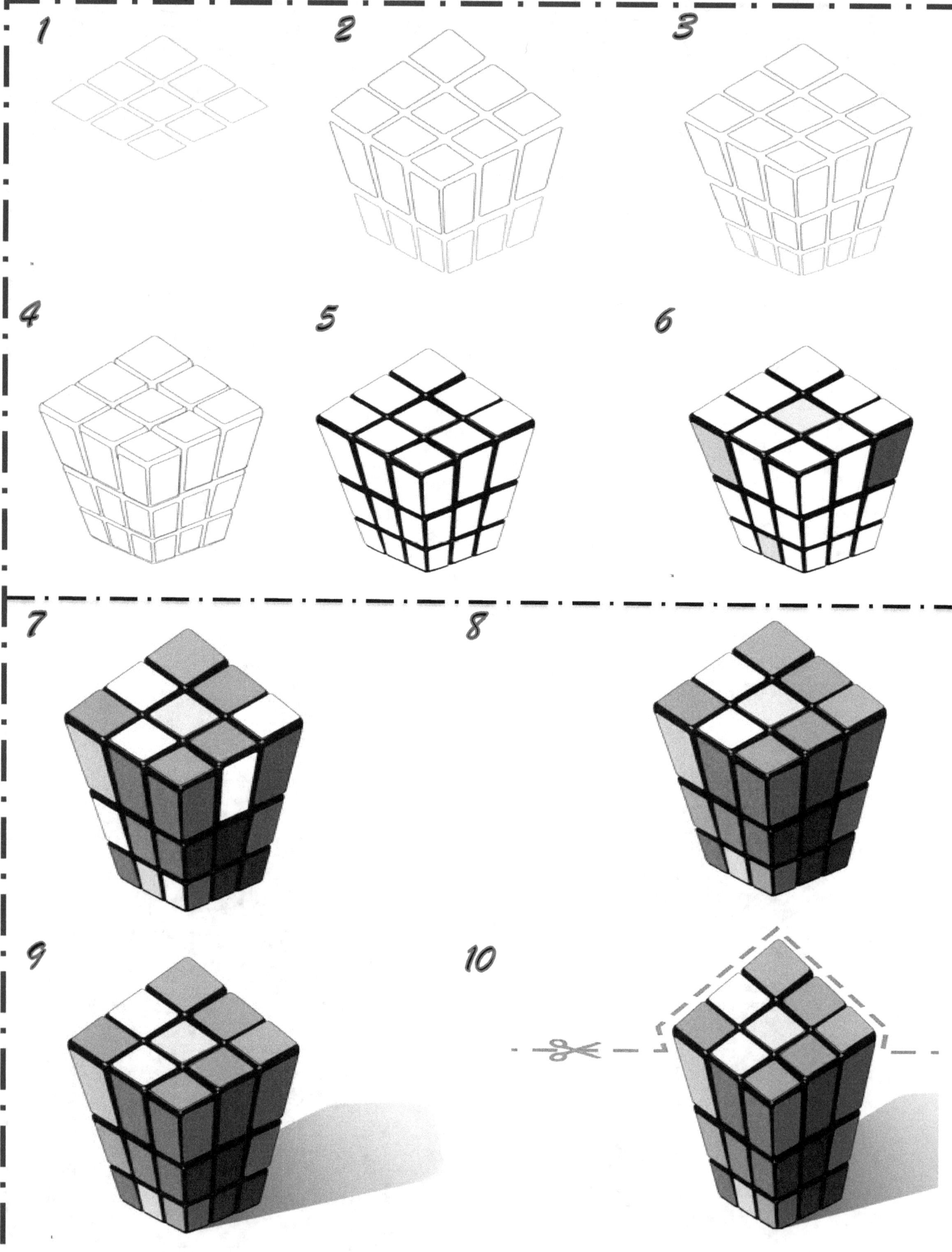
1
2
3
4
5
6
7
8
9
10

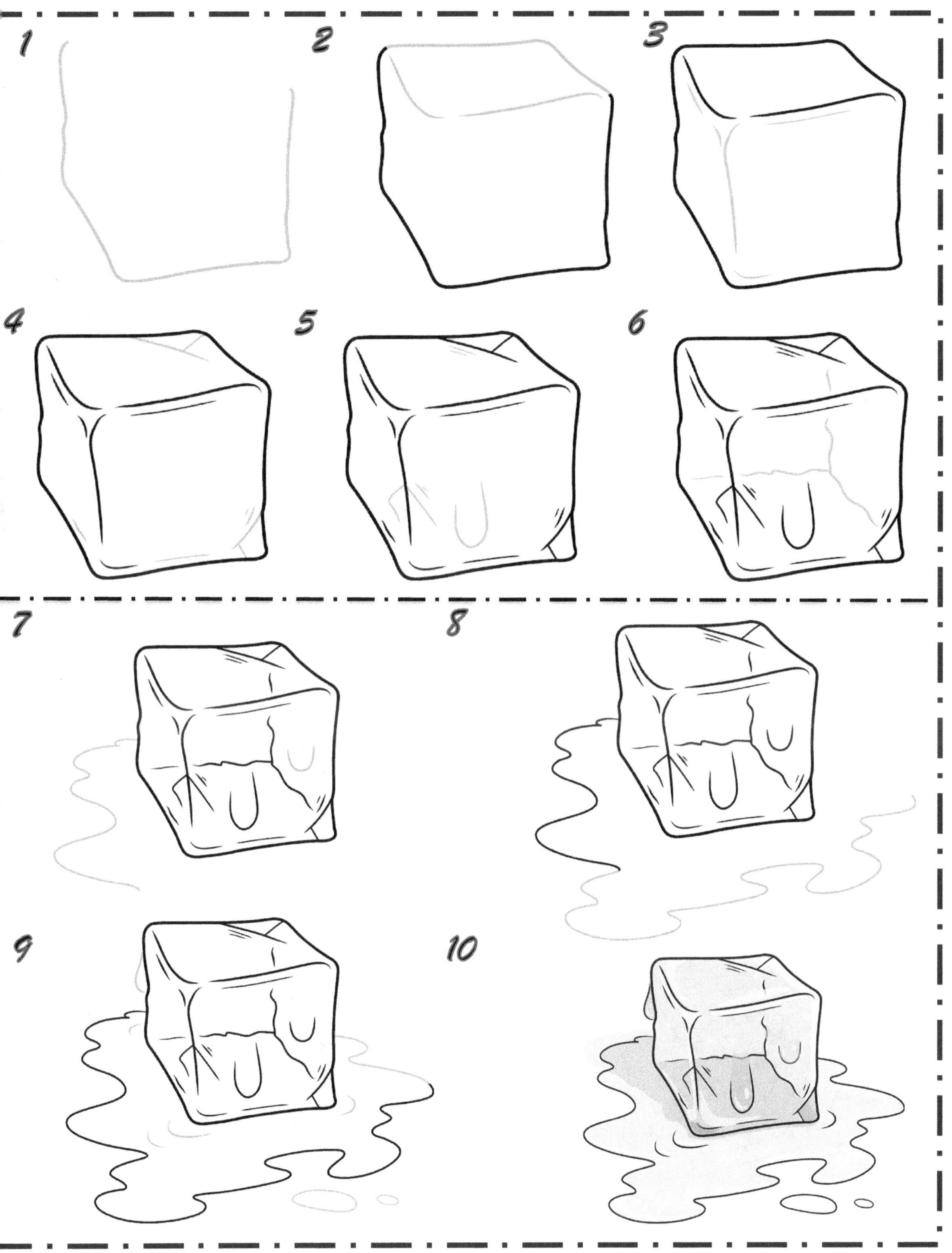
1
2
3
4
5
6
7
8
9
10

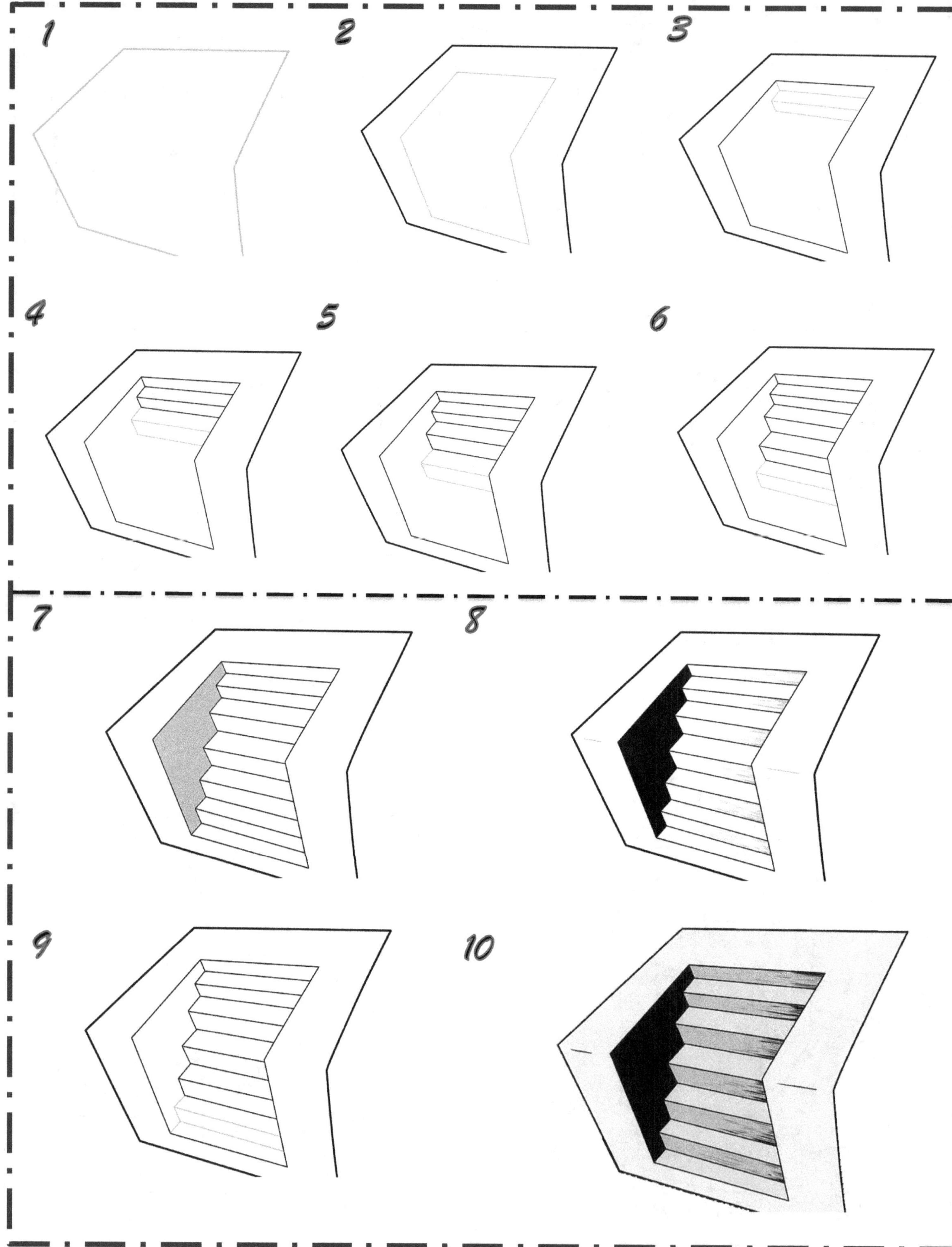
1
2
3
4
5
6
7
8
9
10

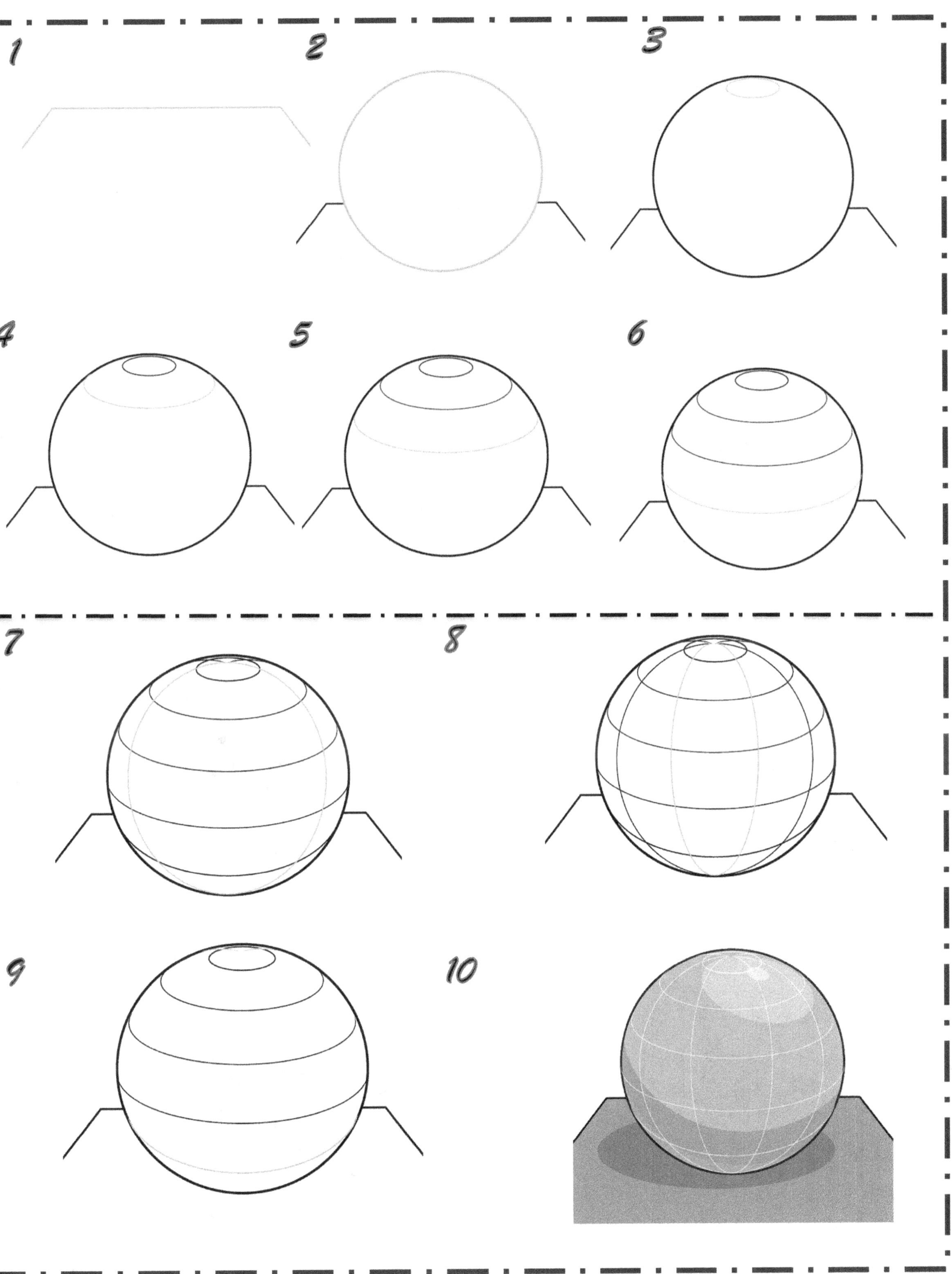
1
2
3
4
5
6
7
8
9
10

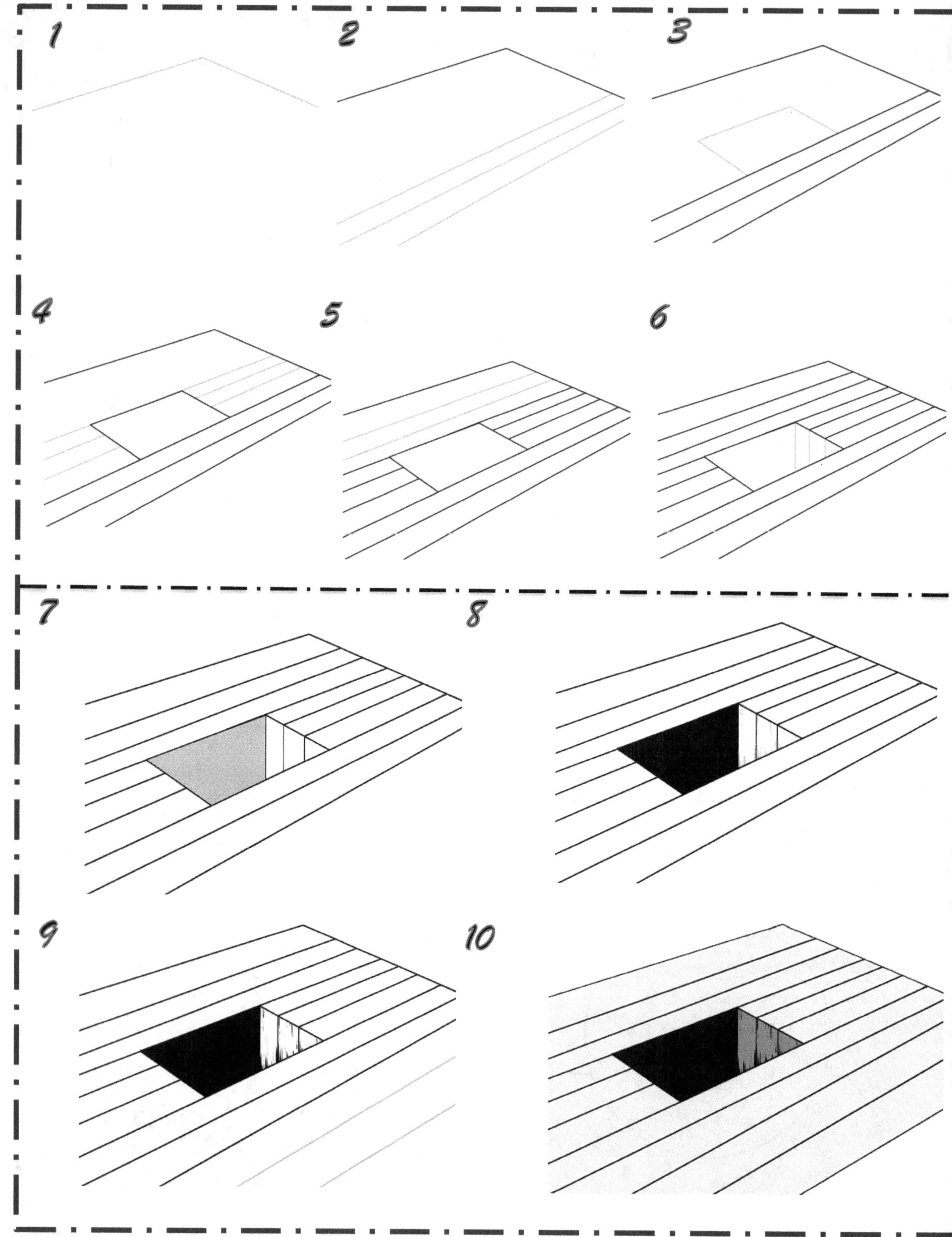
1
2
3
4
5
6
7
8
9
10

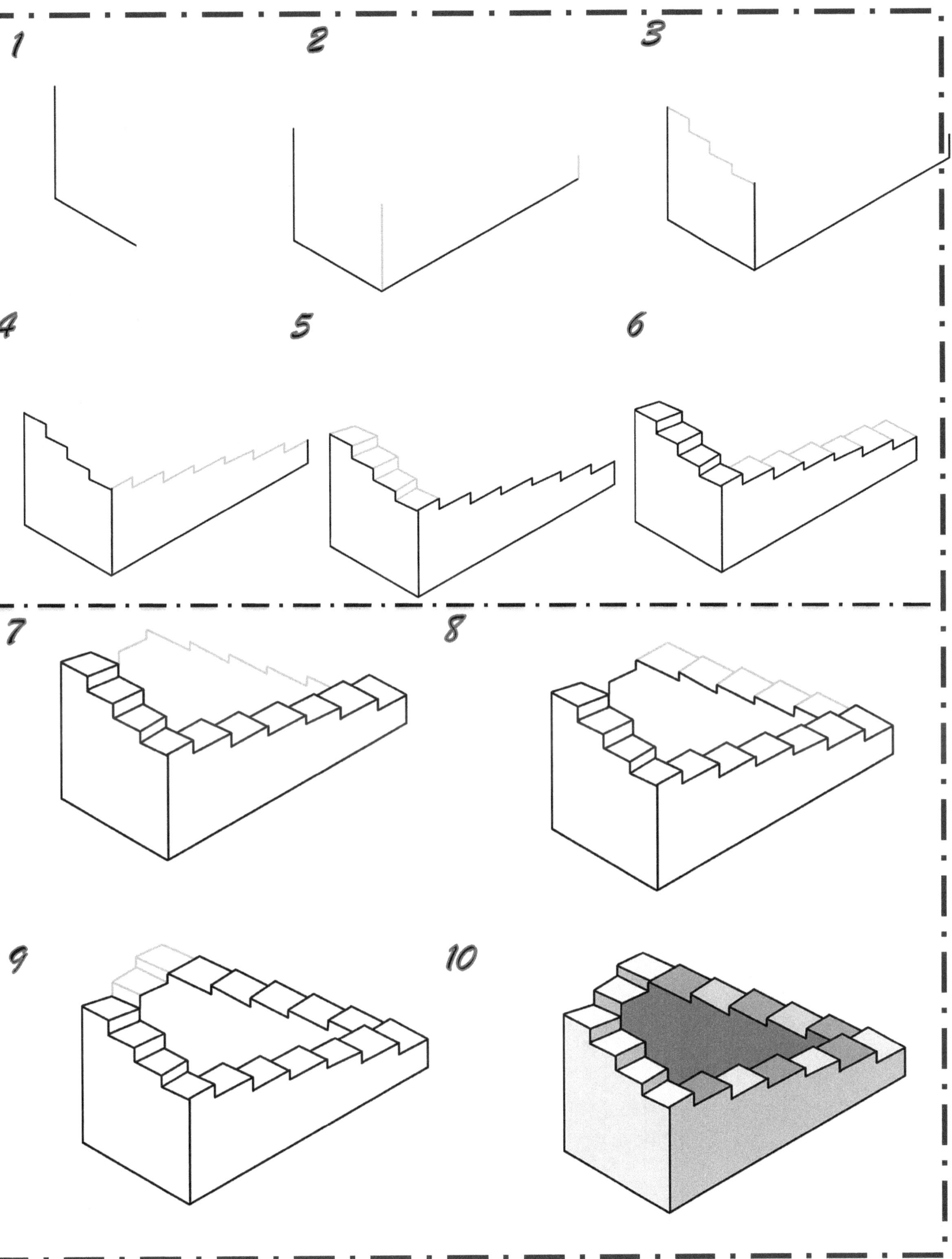
1
2
3
4
5
6
7
8
9
10

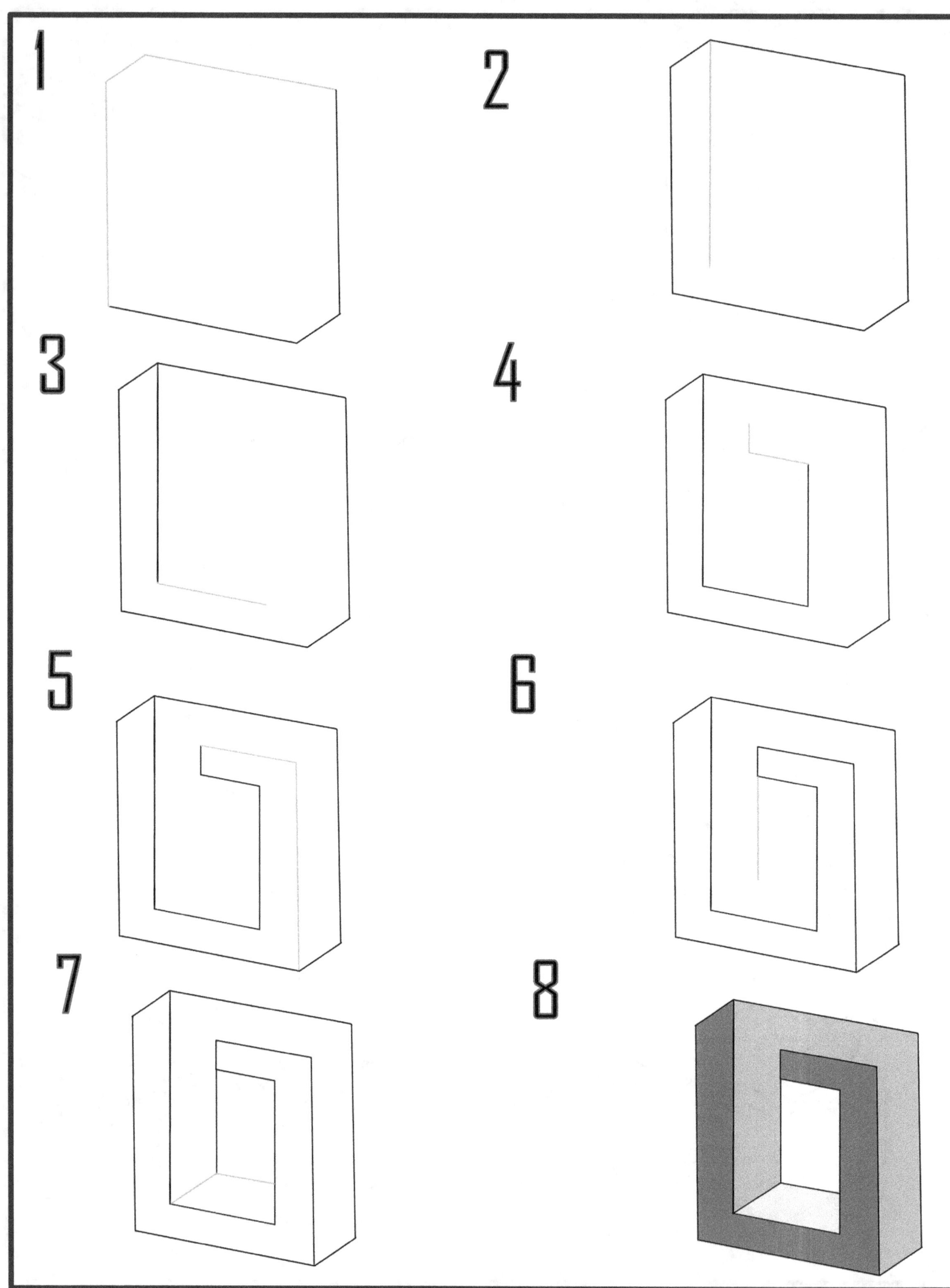
1
2
3
4
5
6
7
8

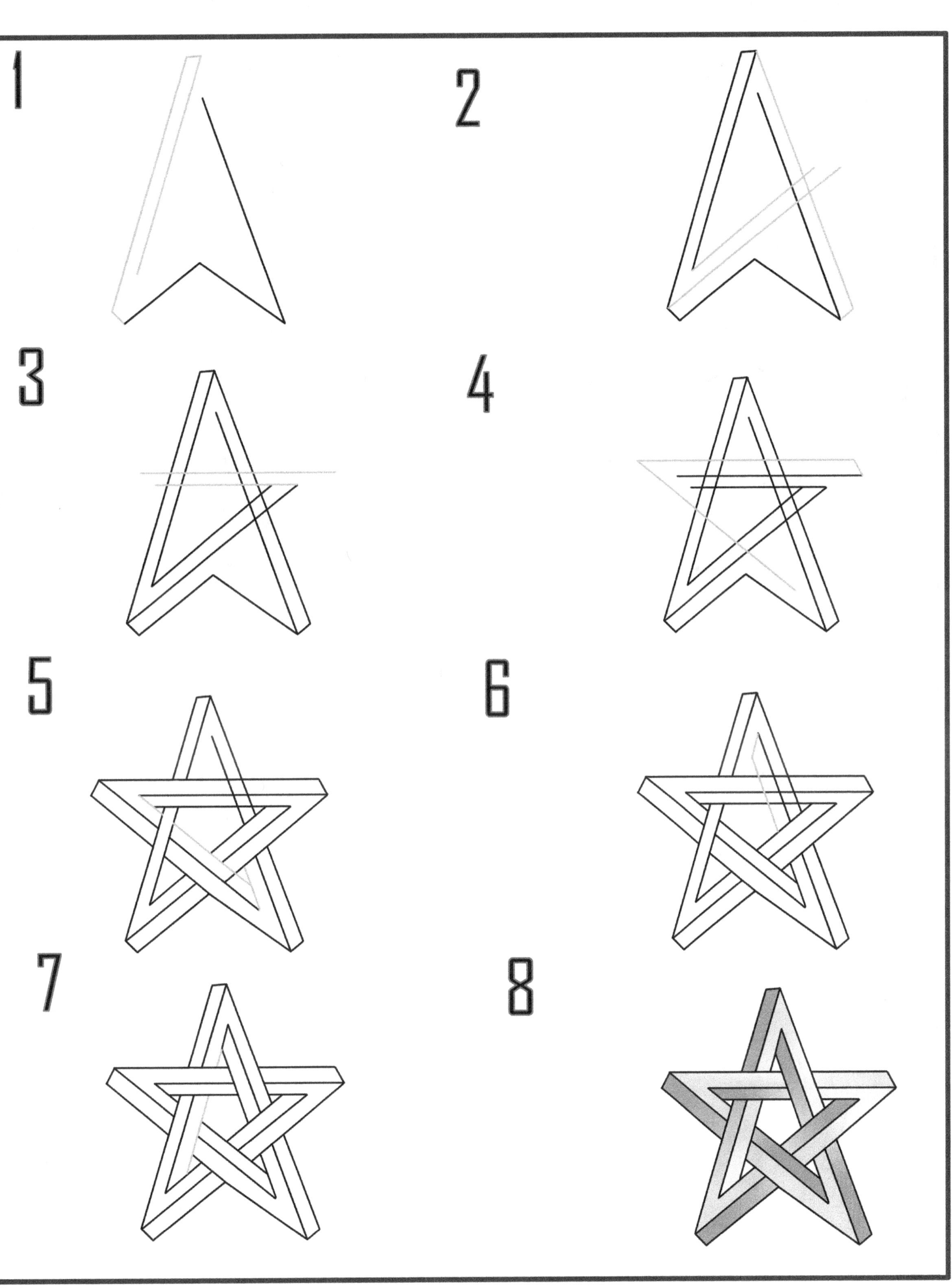

1
2
3
4
5
6
7
8

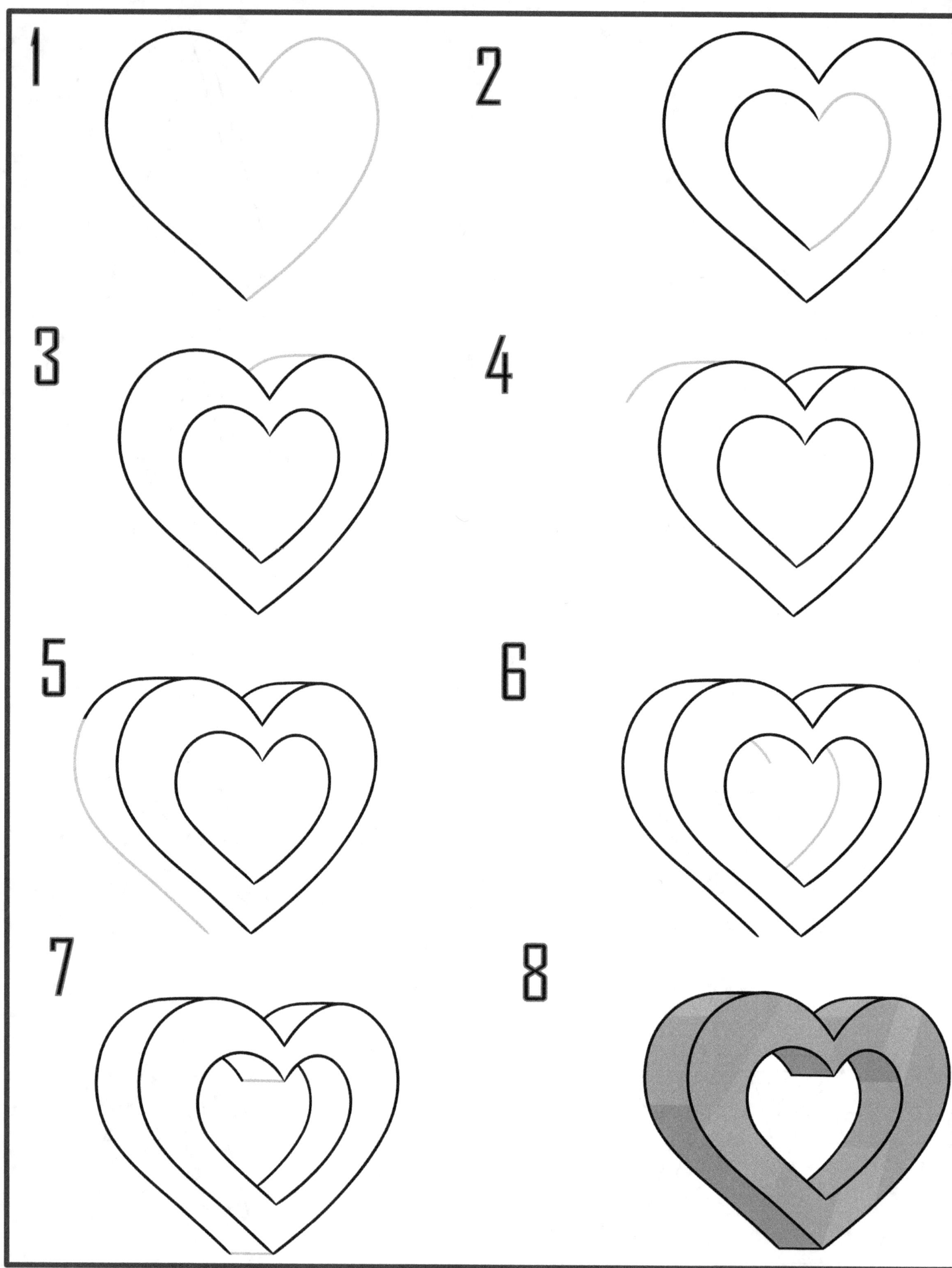
1
2
3
4
5
6
7
8

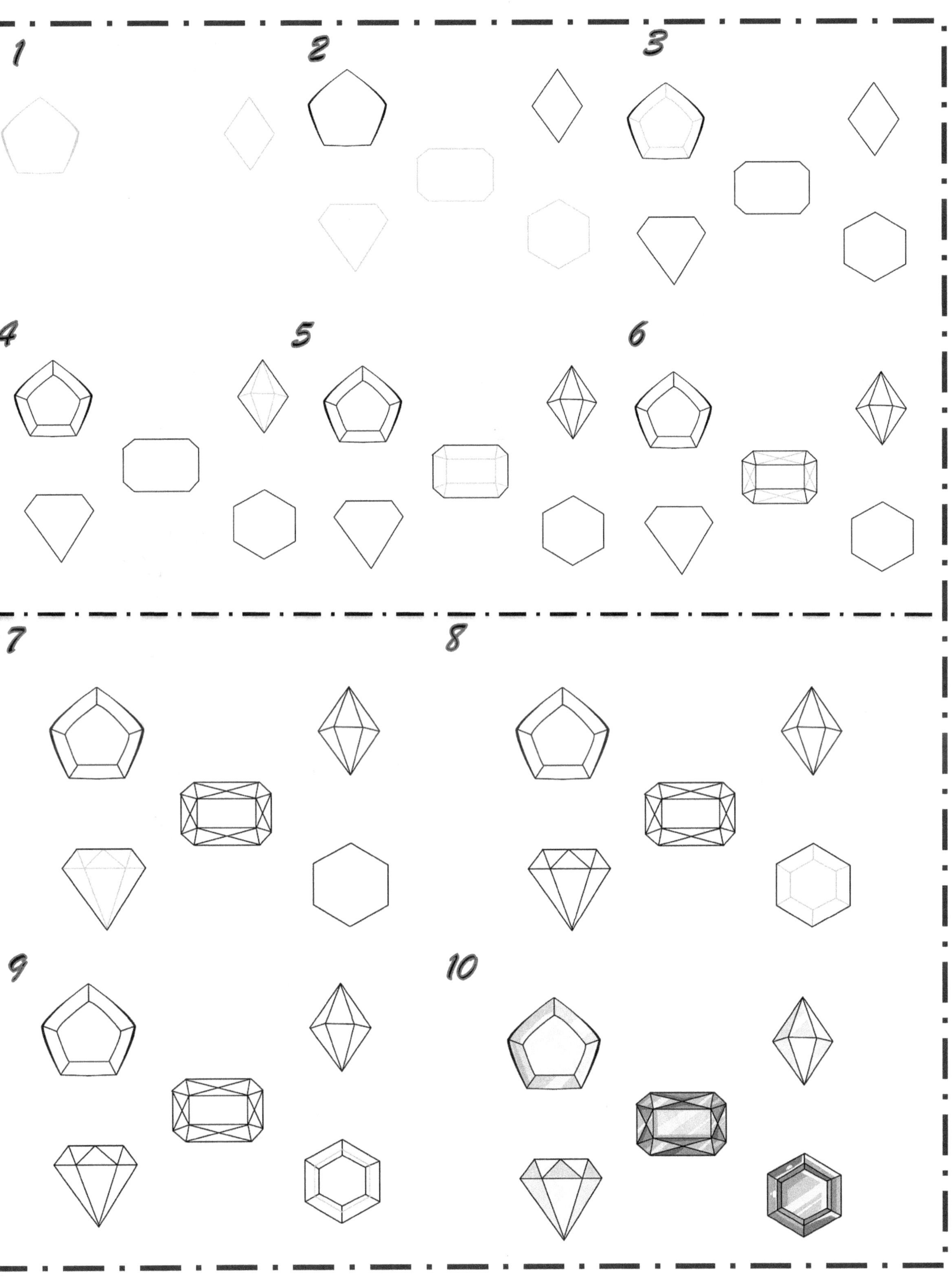

1
2
3
4
5
6
7
8
9
10

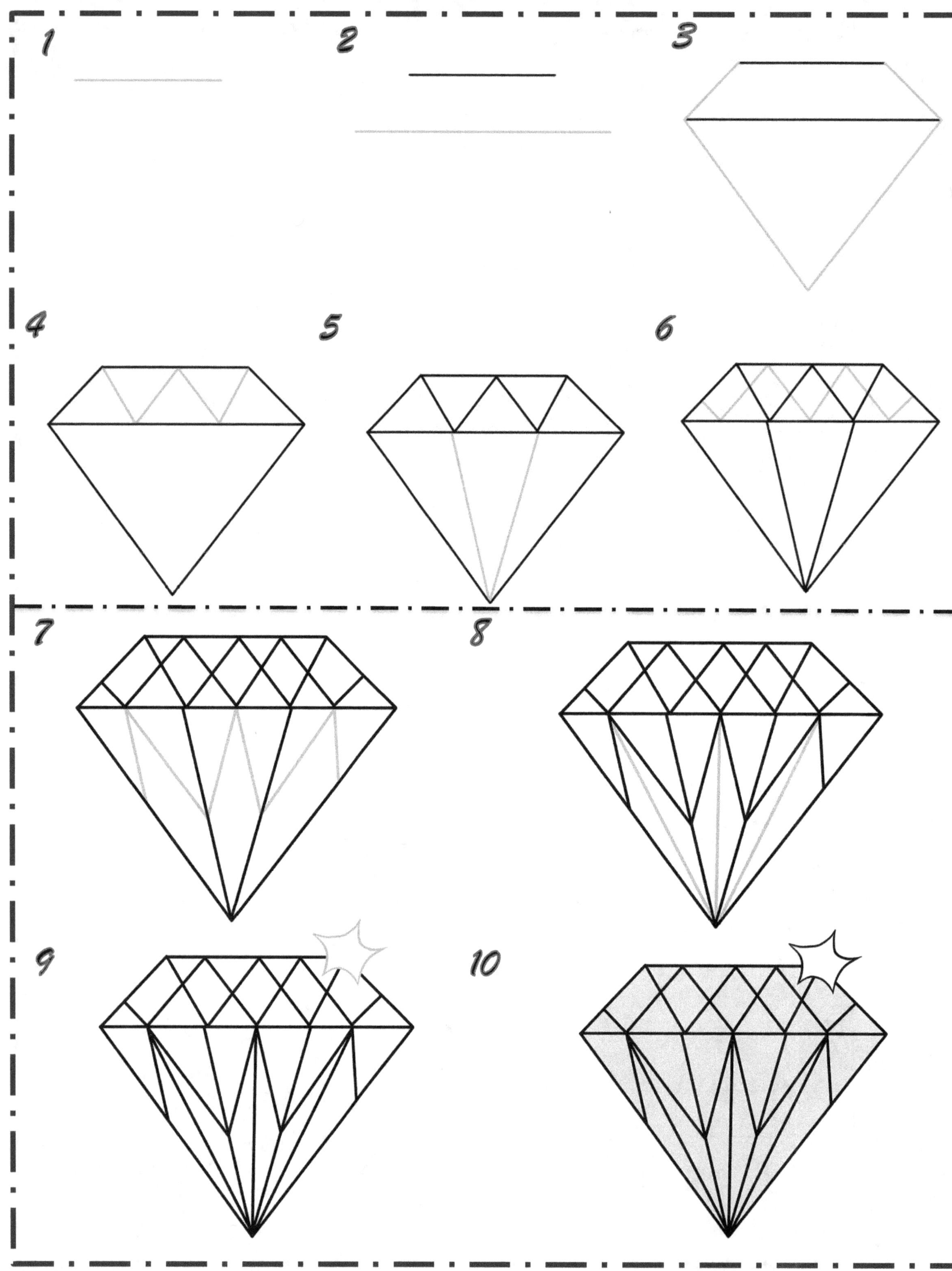
1
2
3
4
5
6
7
8
9
10

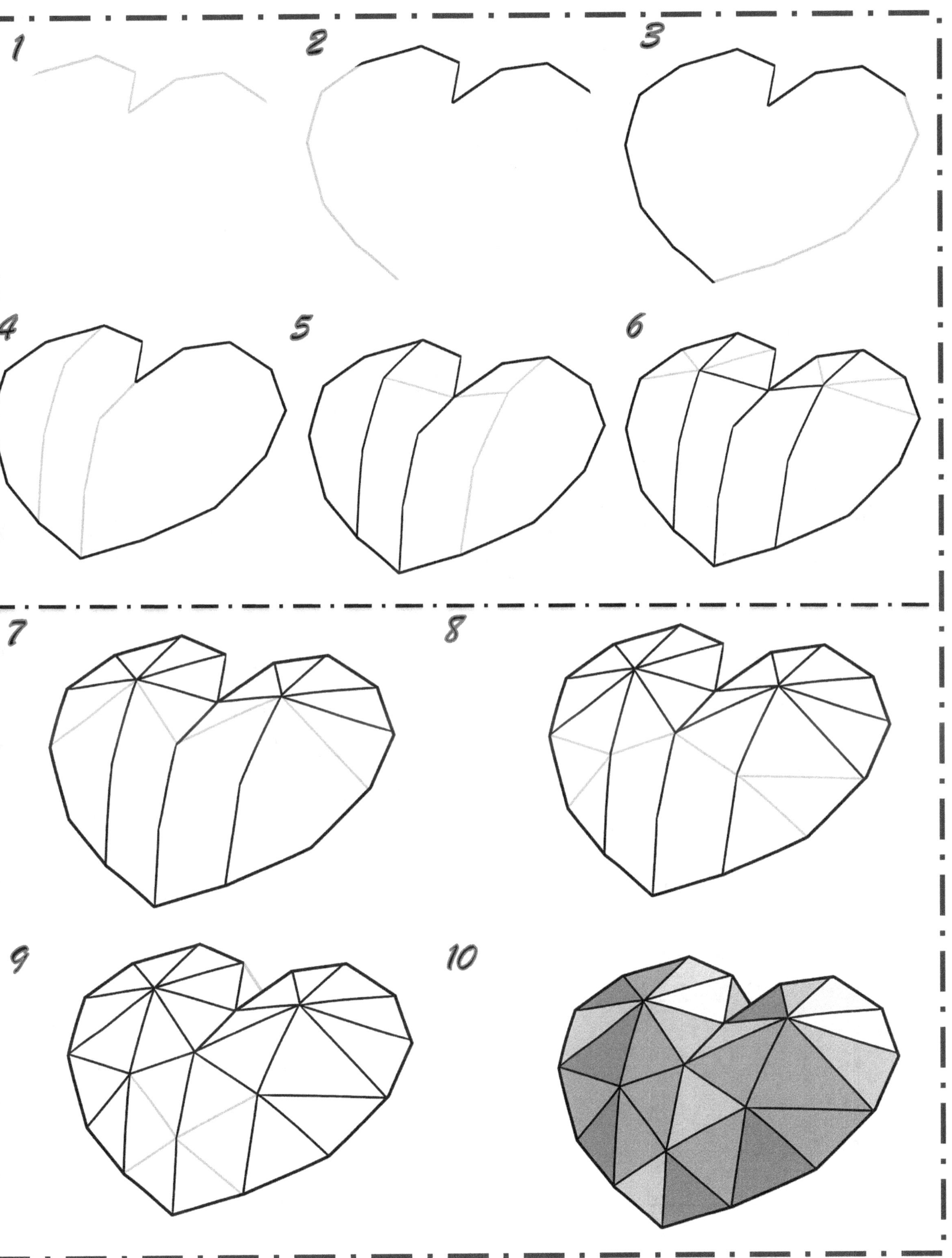
1
2
3
4
5
6
7
8
9
10

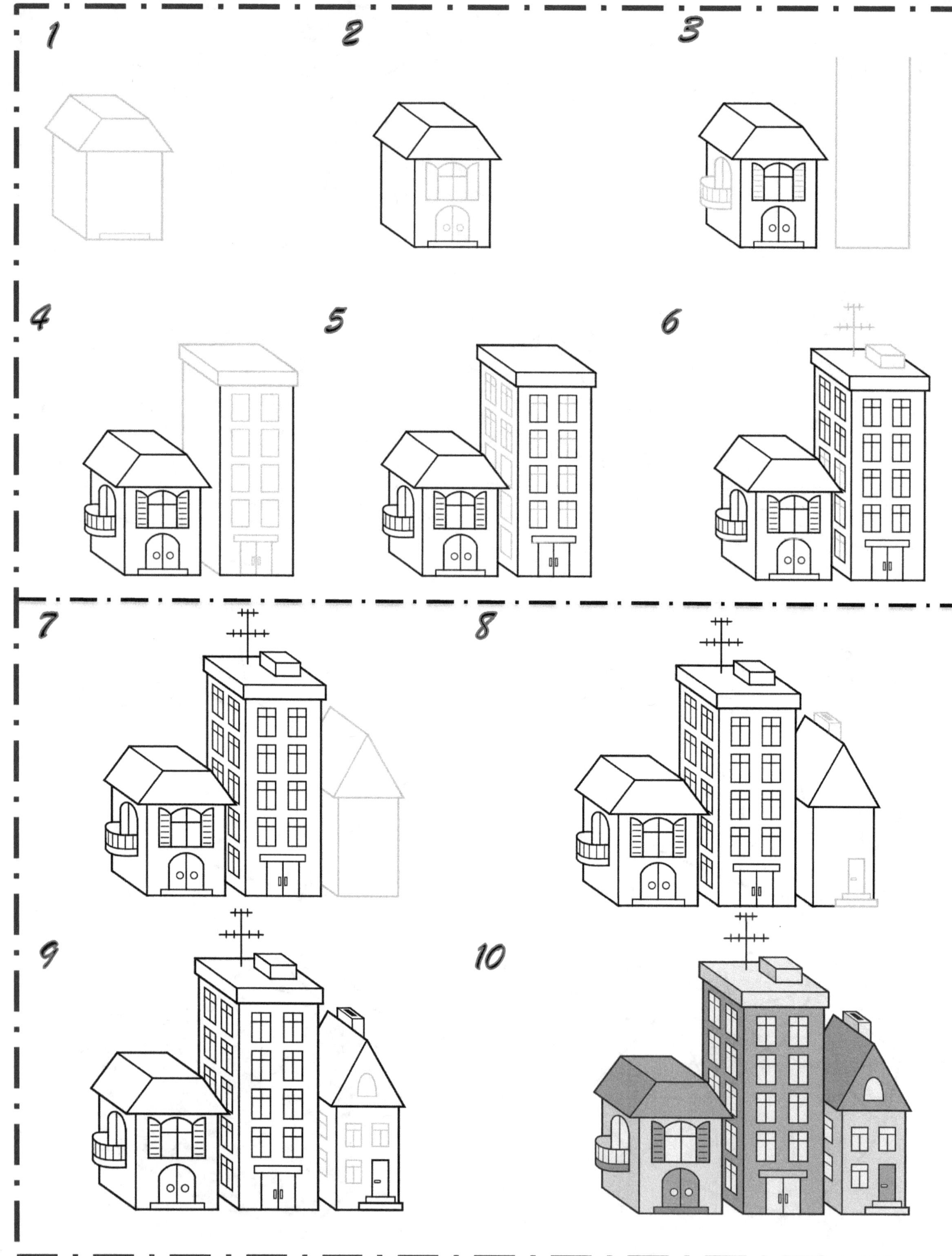
1
2
3
4
5
6
7
8
9
10

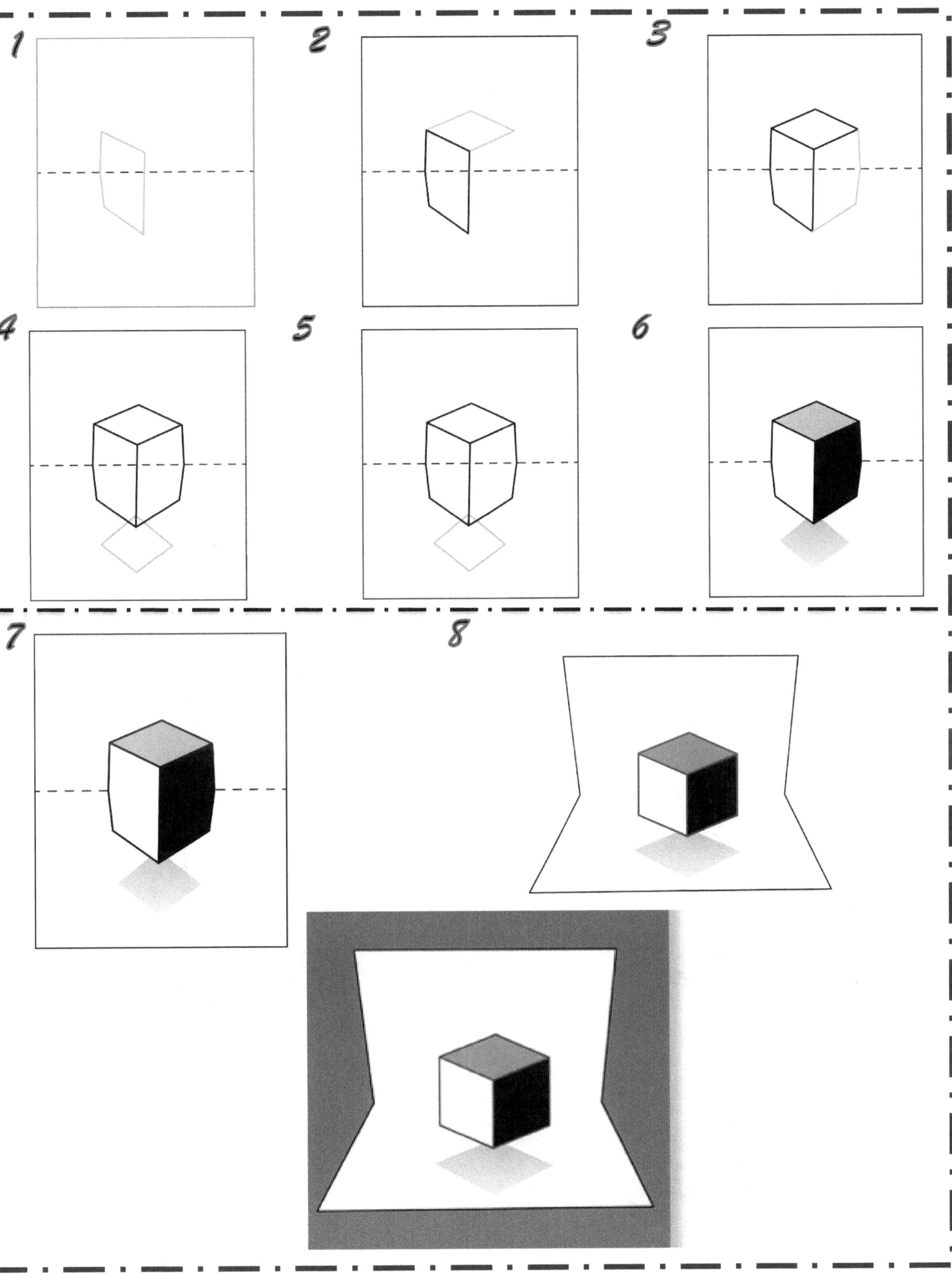
1
2
3
4
5
6
7
8

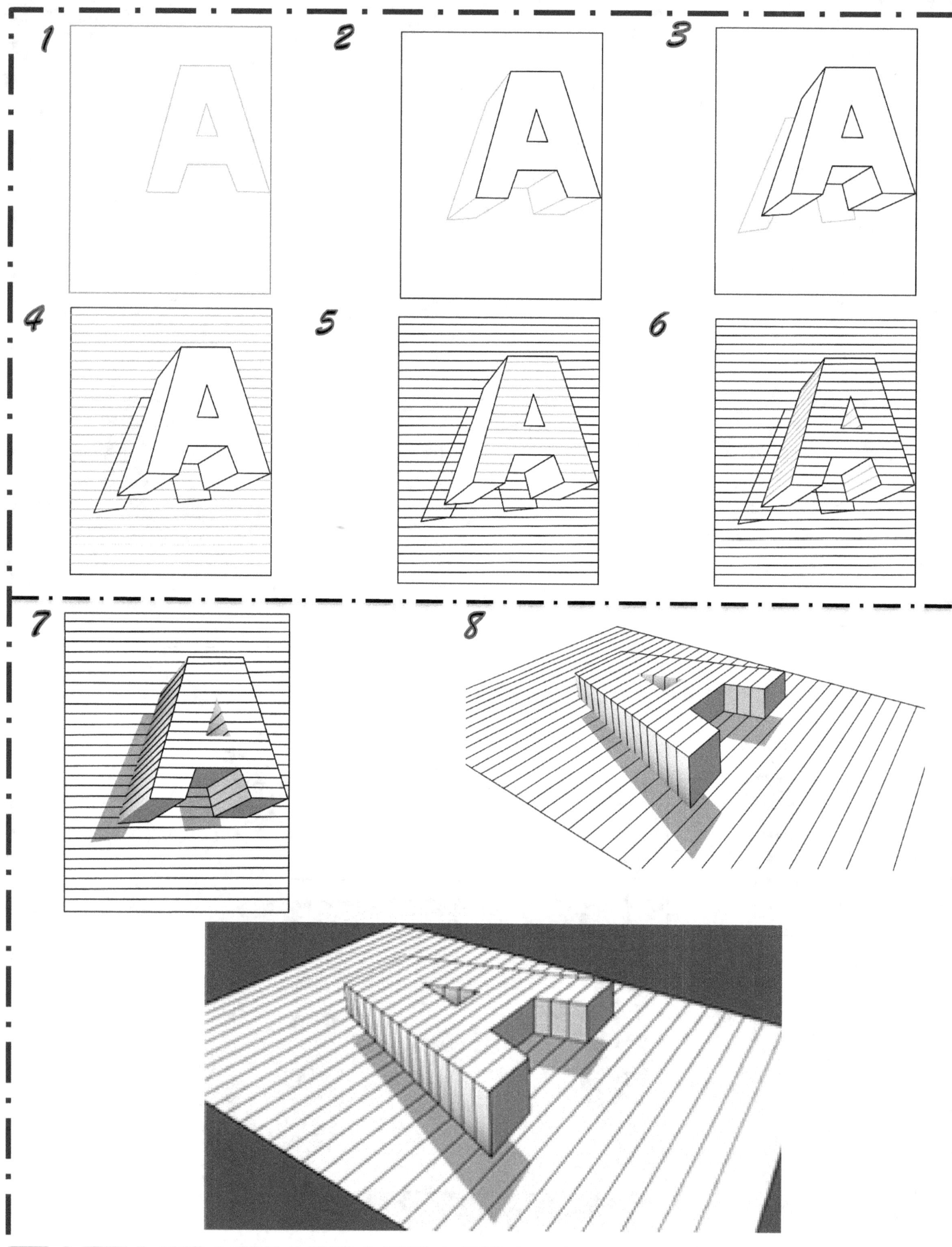
1
2
3
4
5
6
7
8

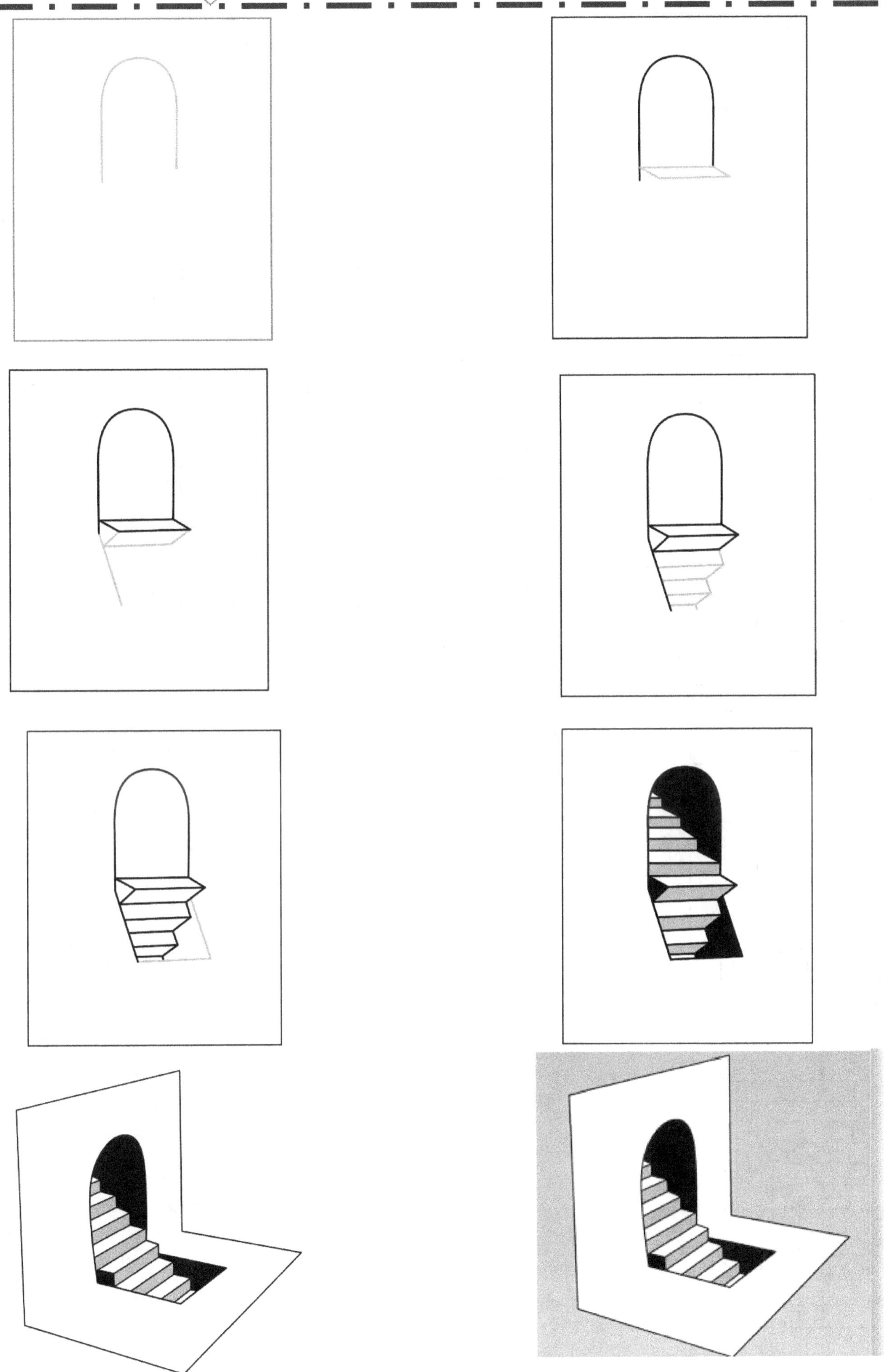

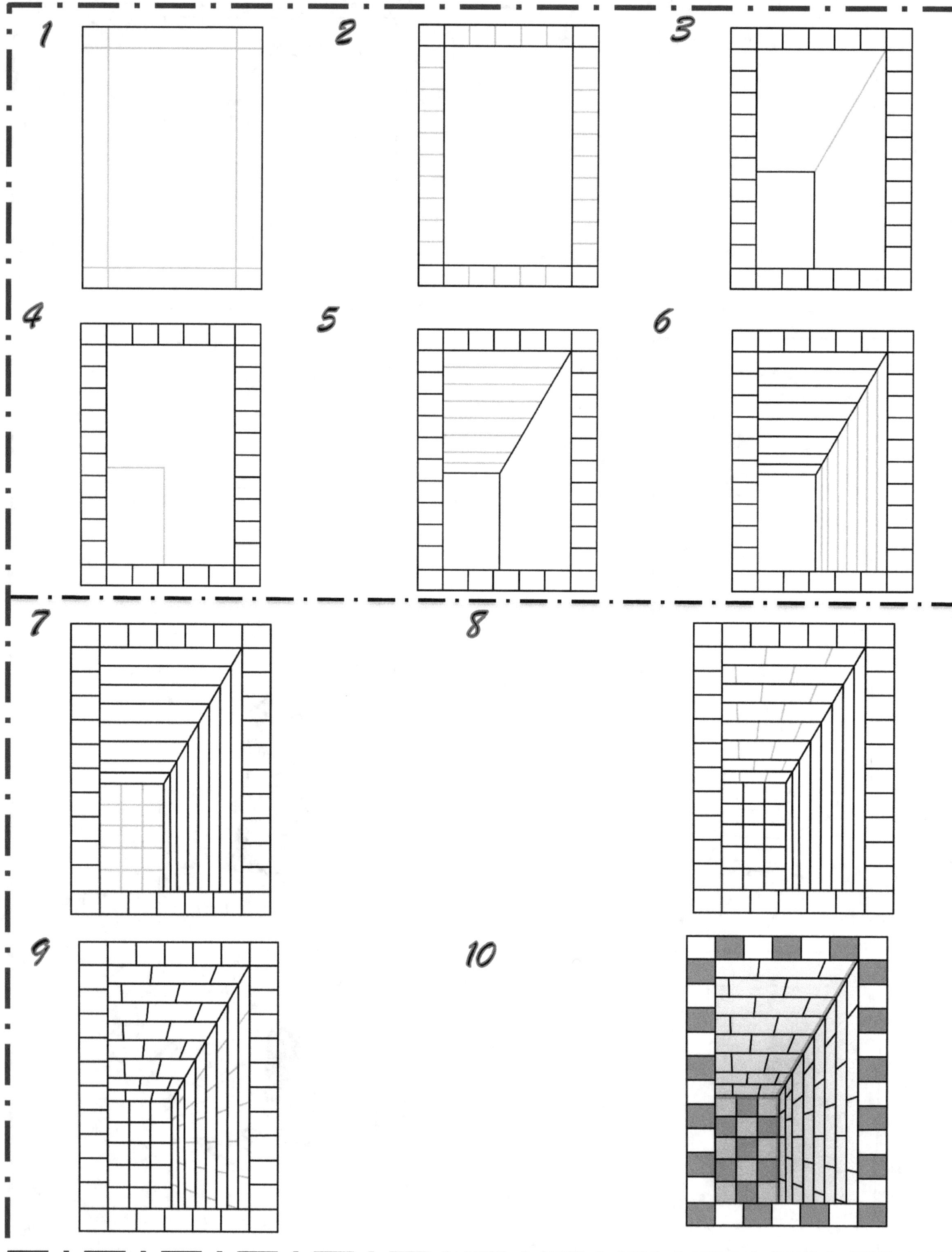
1
2
3
4
5
6
7
8
9
10

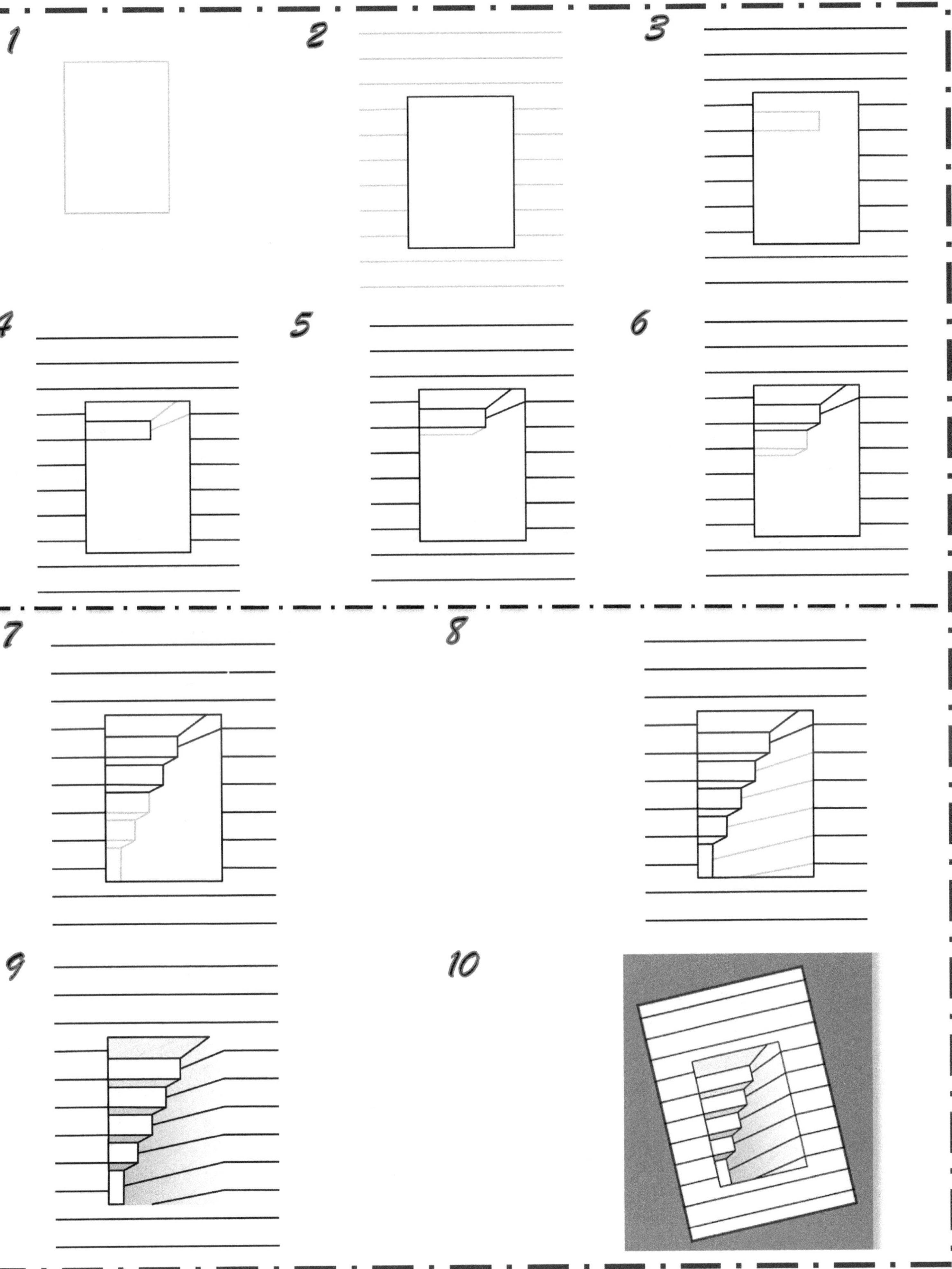
1
2
3
4
5
6
7
8
9
10

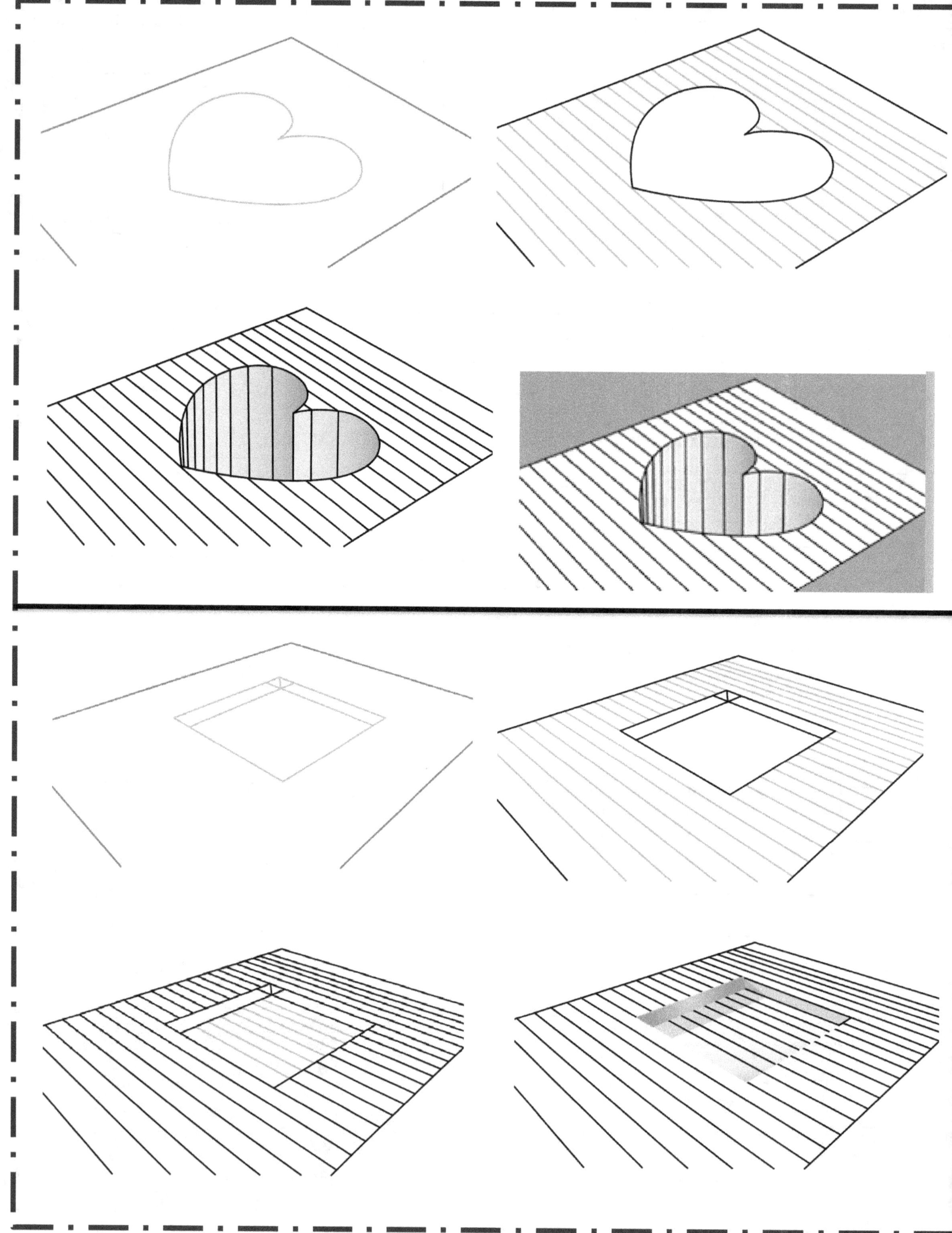

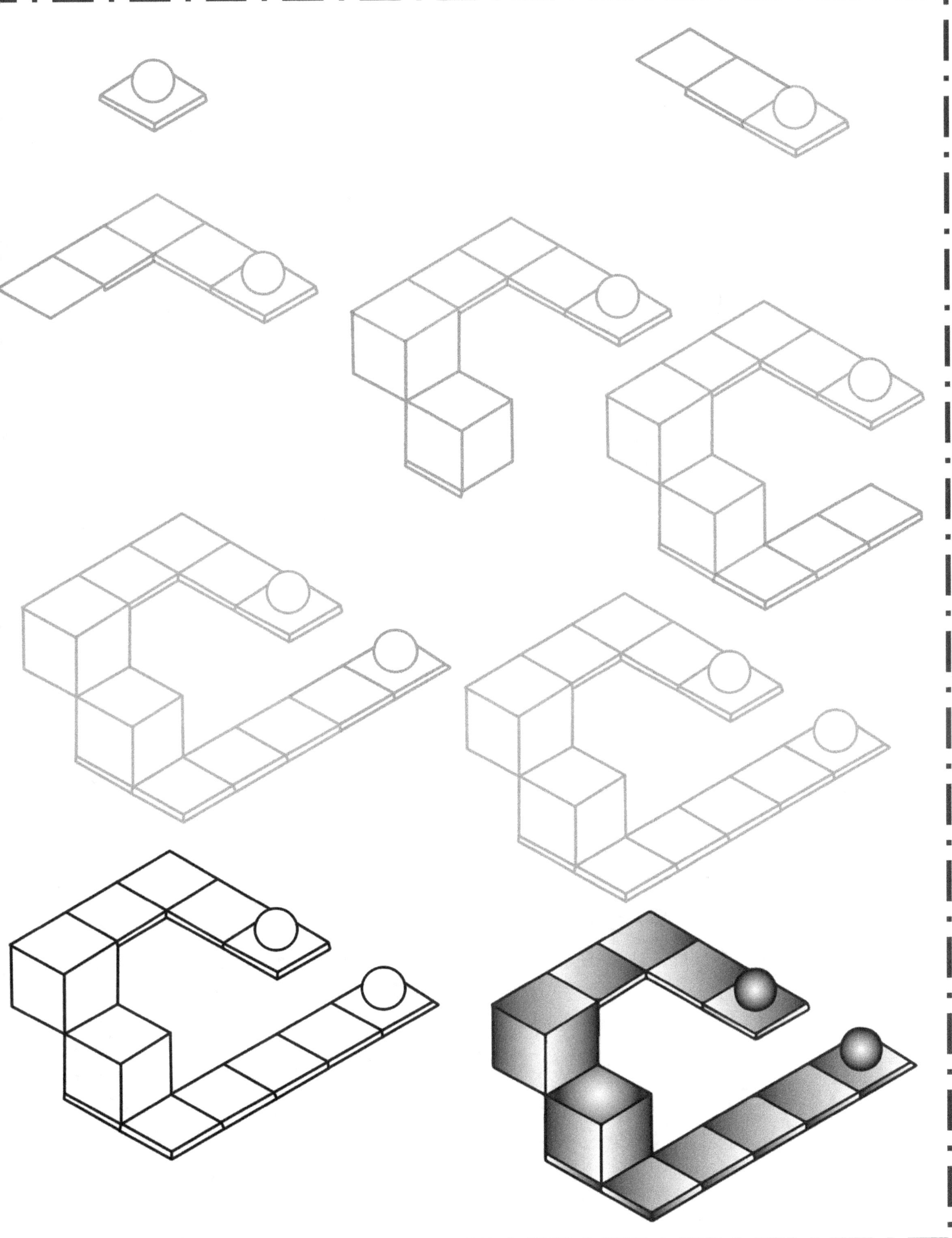

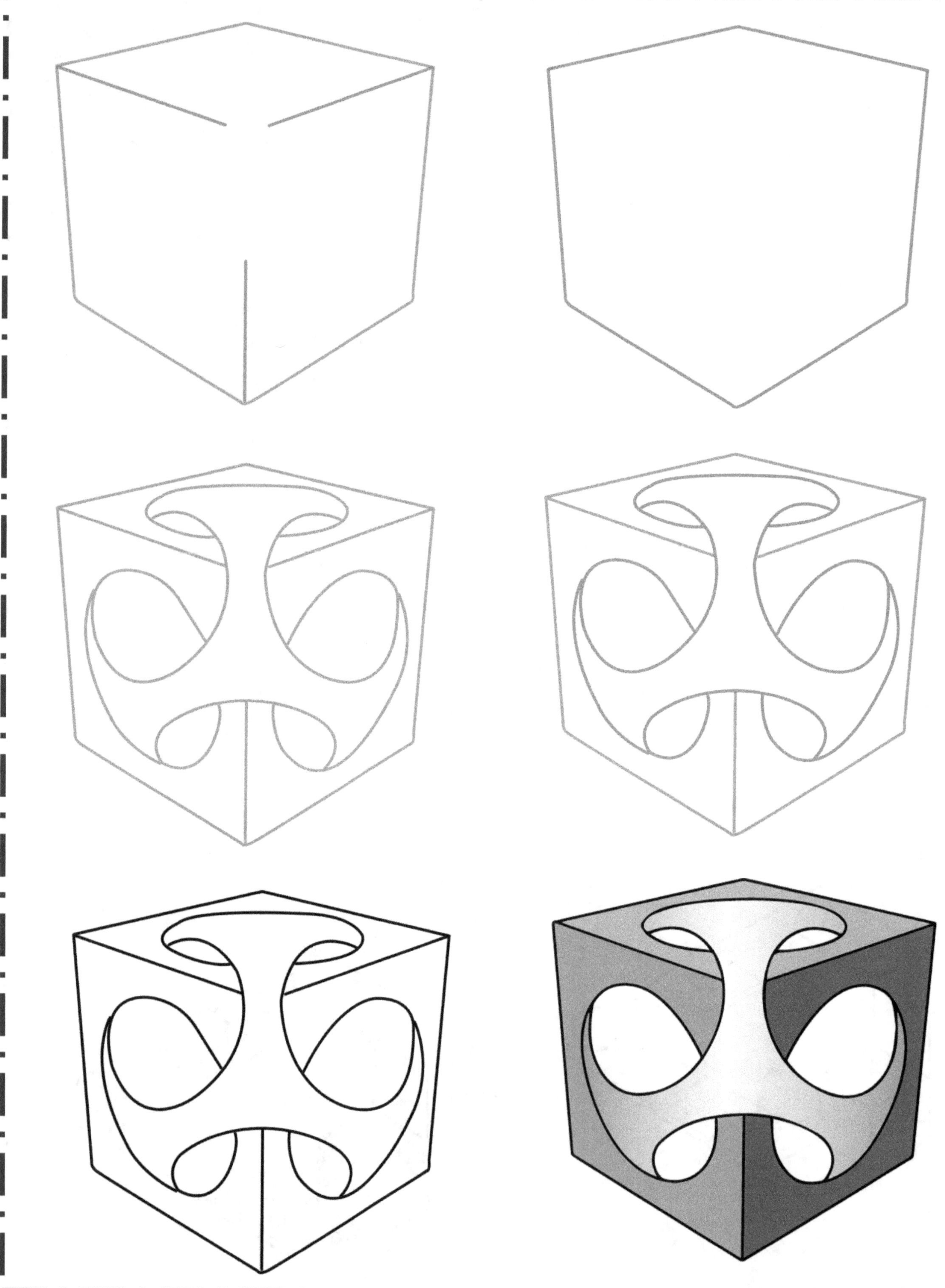

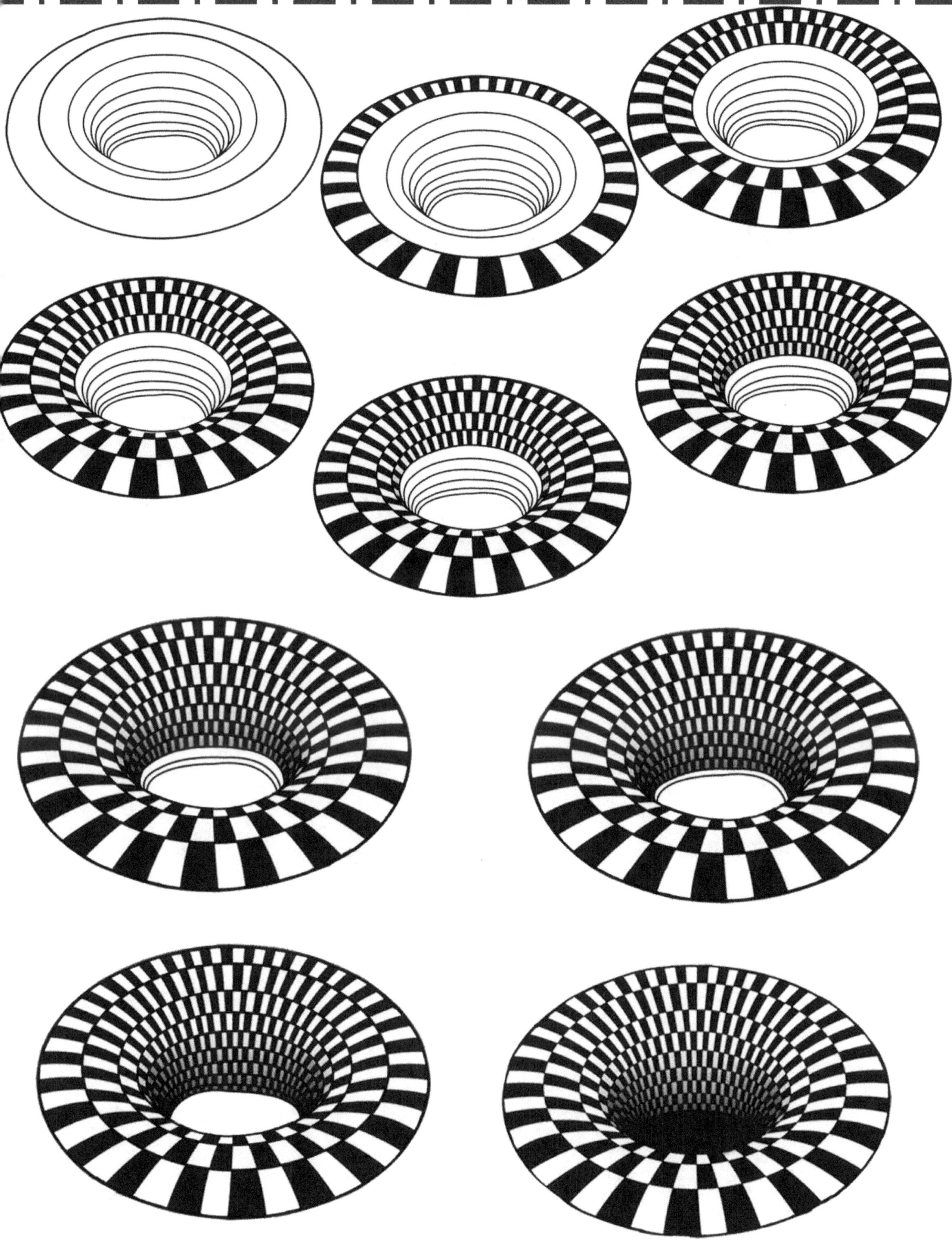

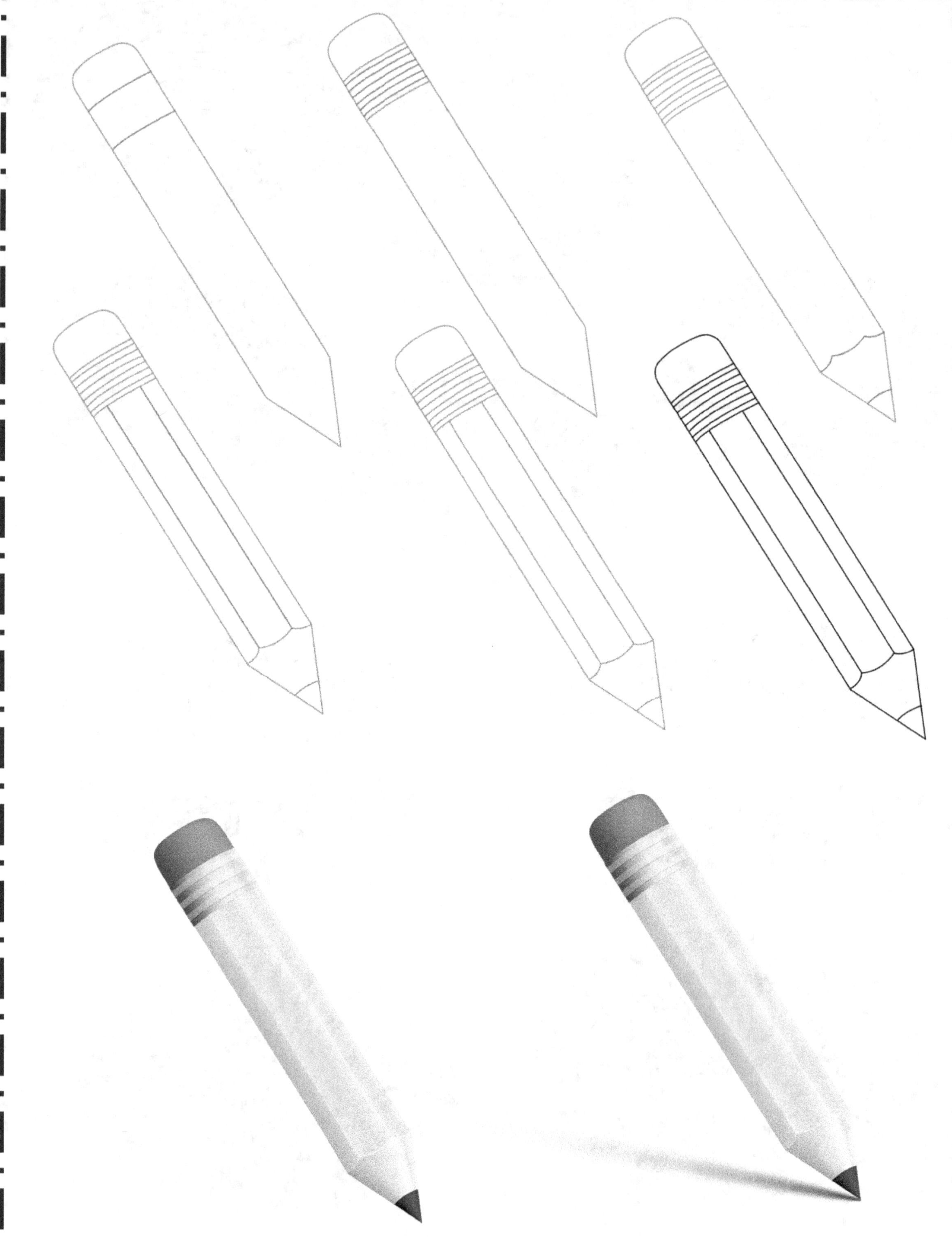

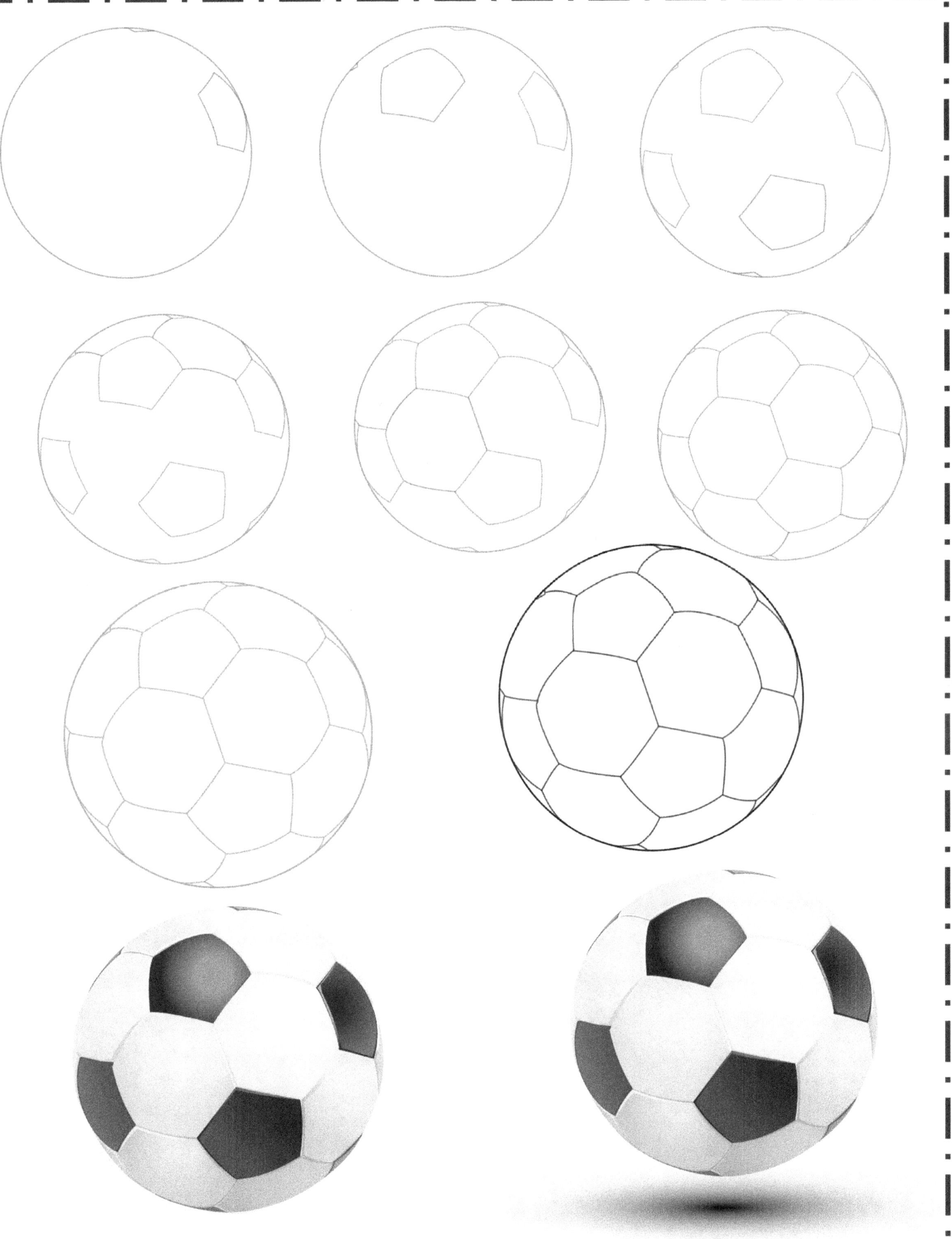

2 20 20

201 201 2017

2017 2017

2017 2017

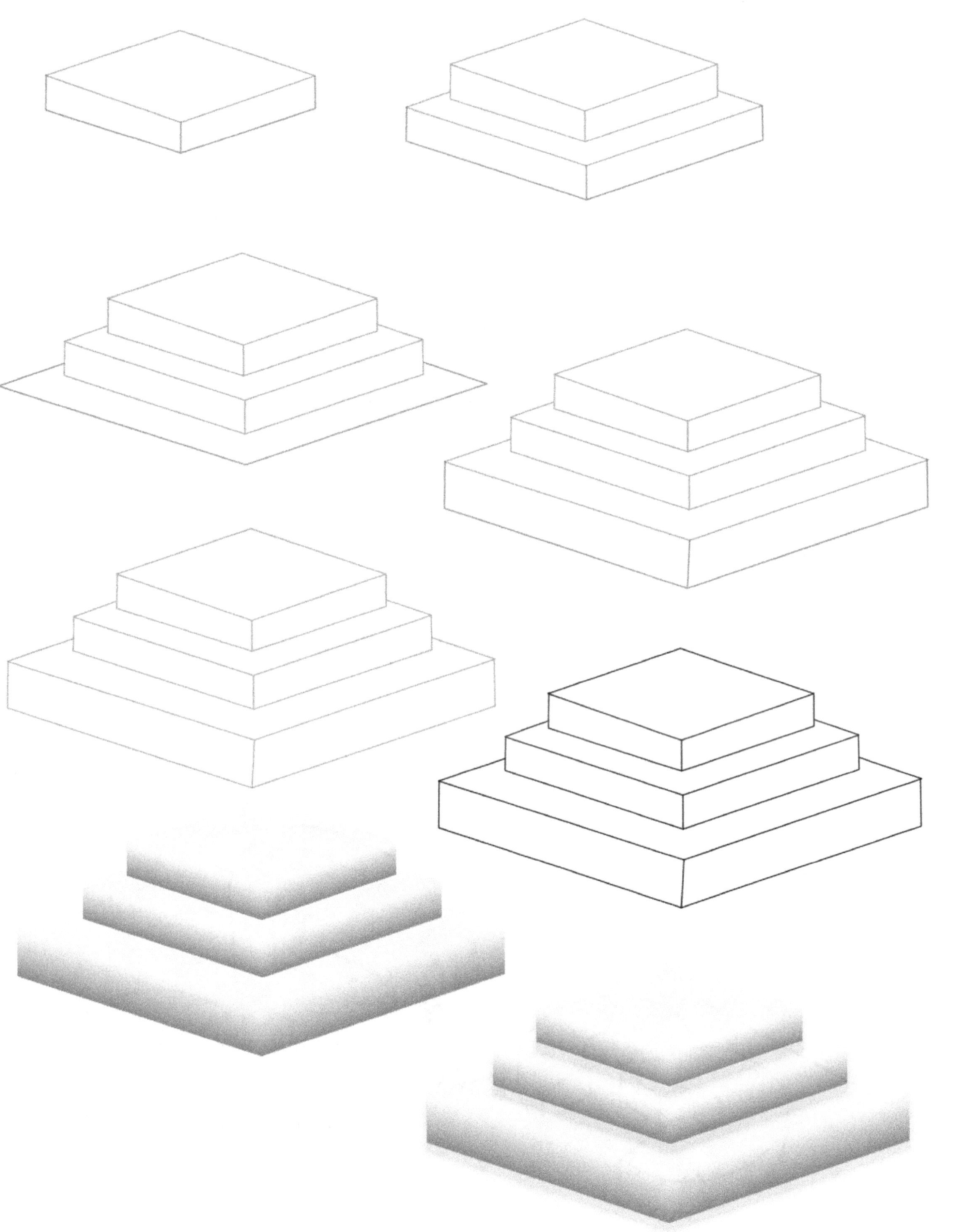

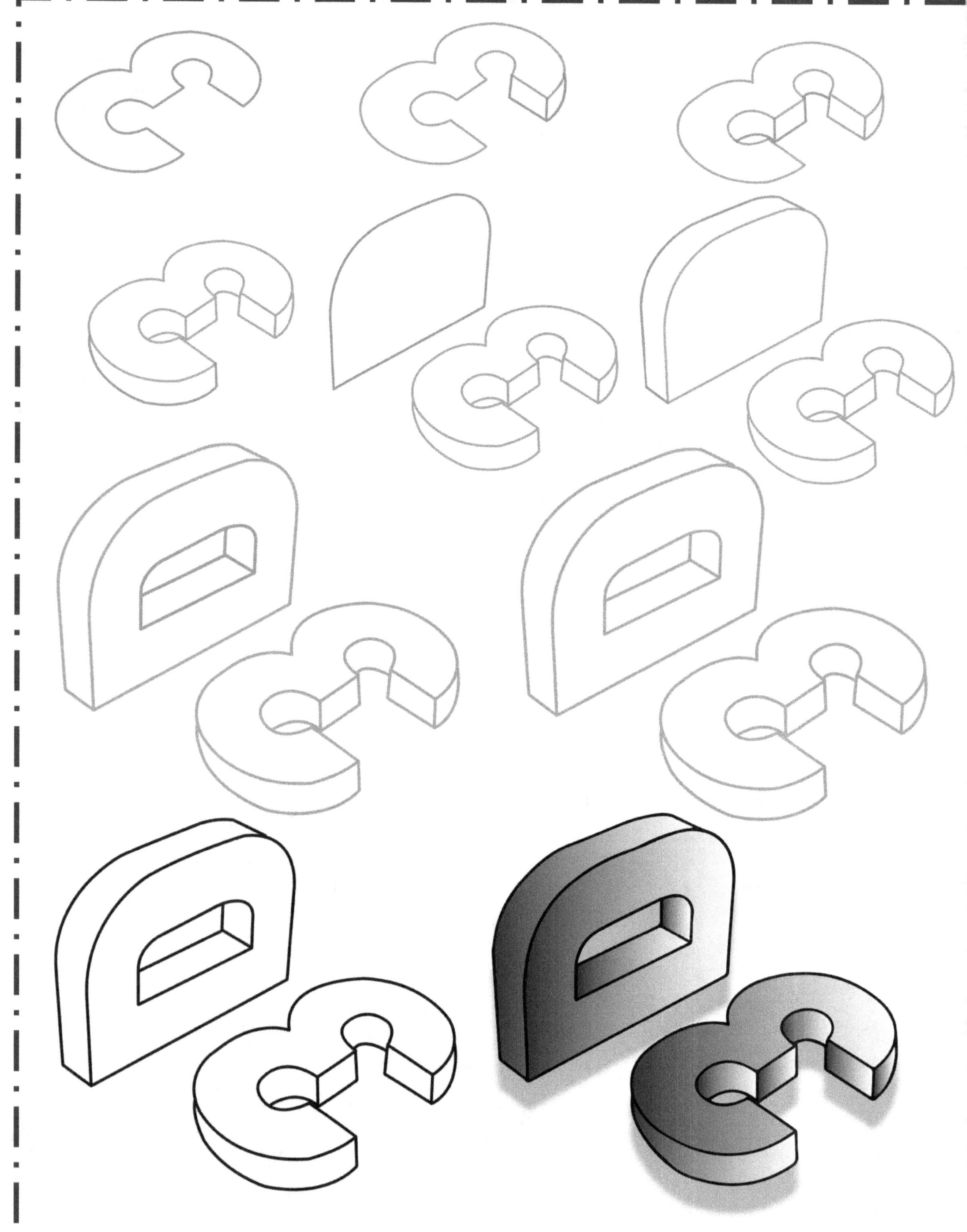

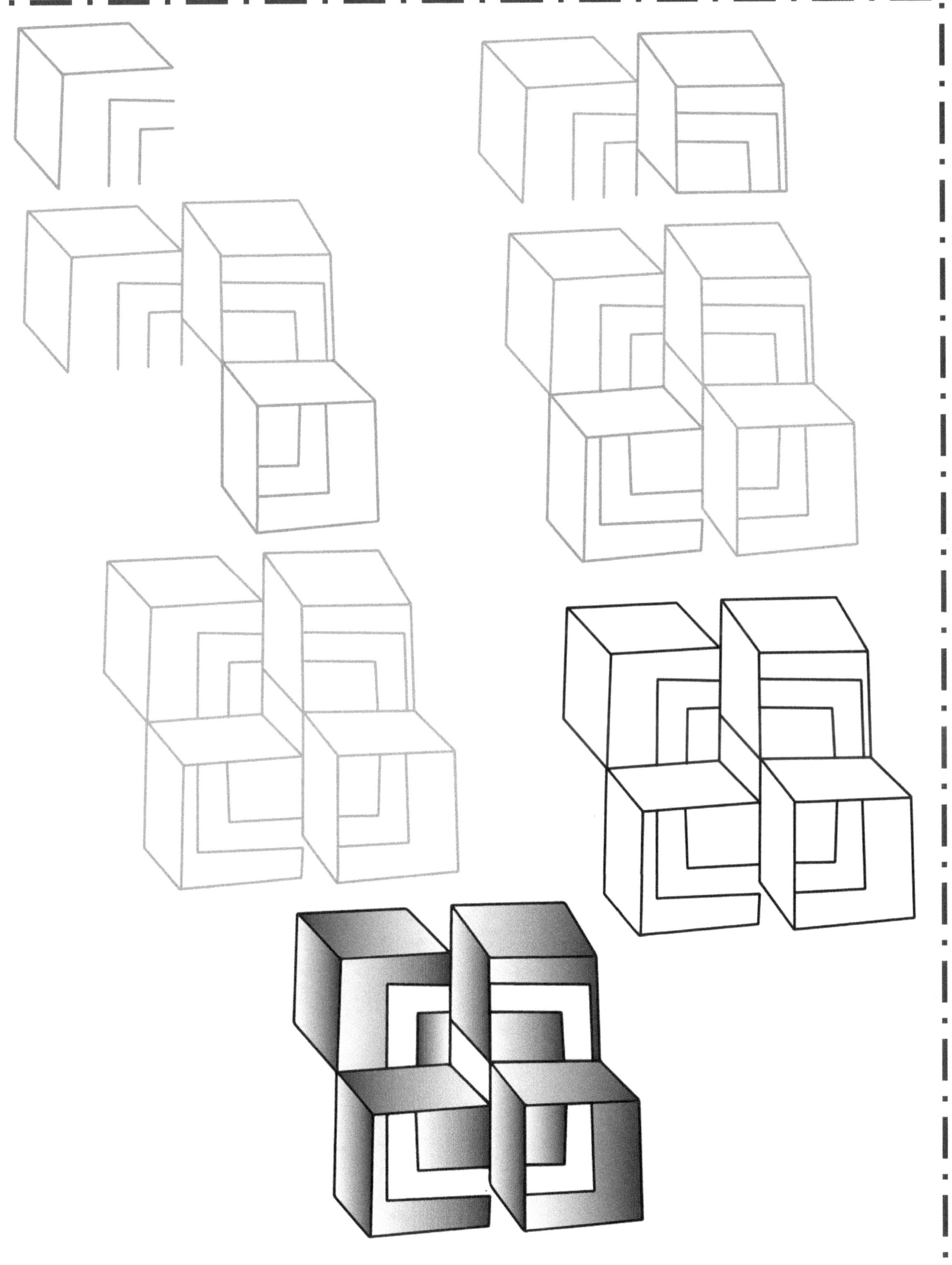

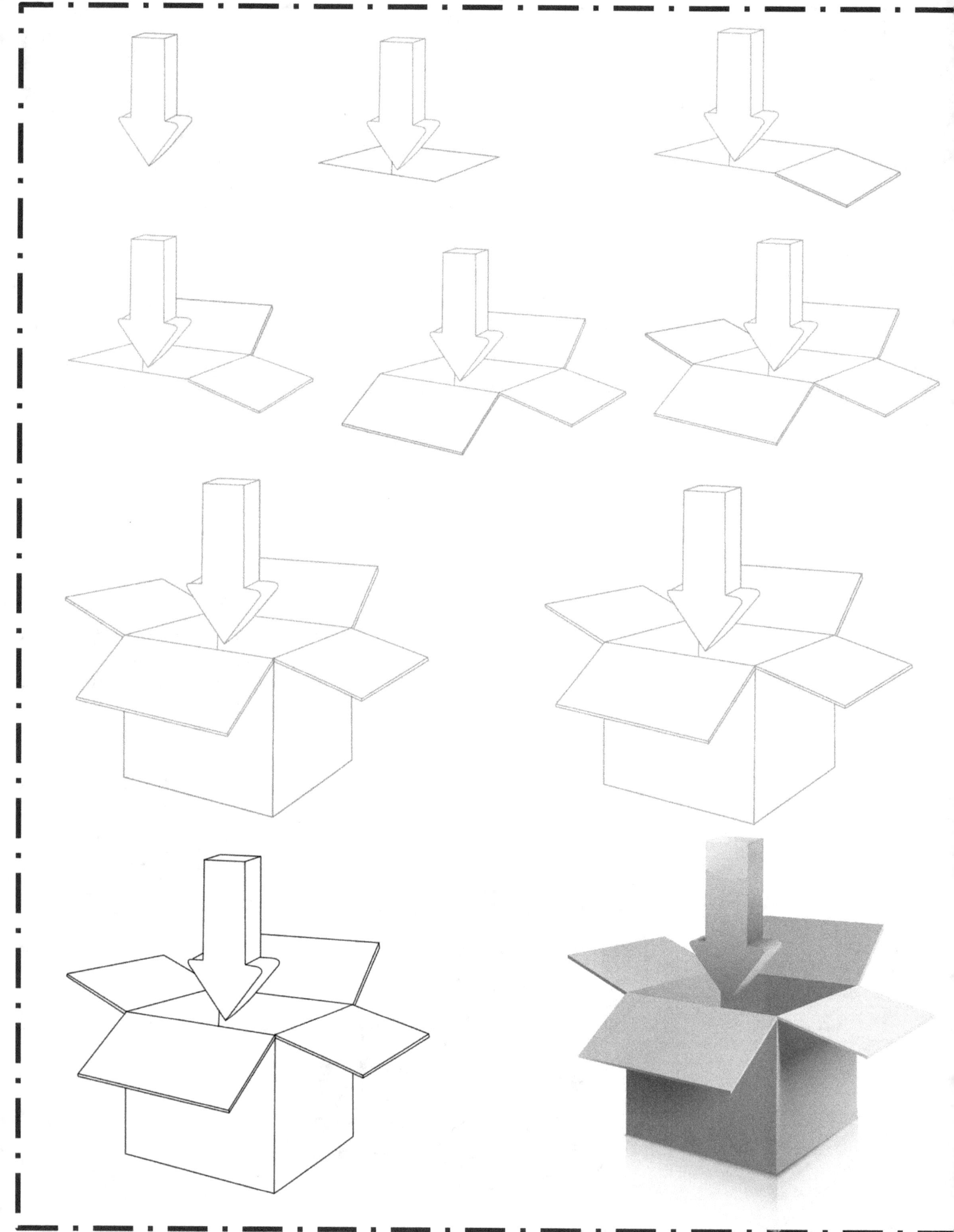

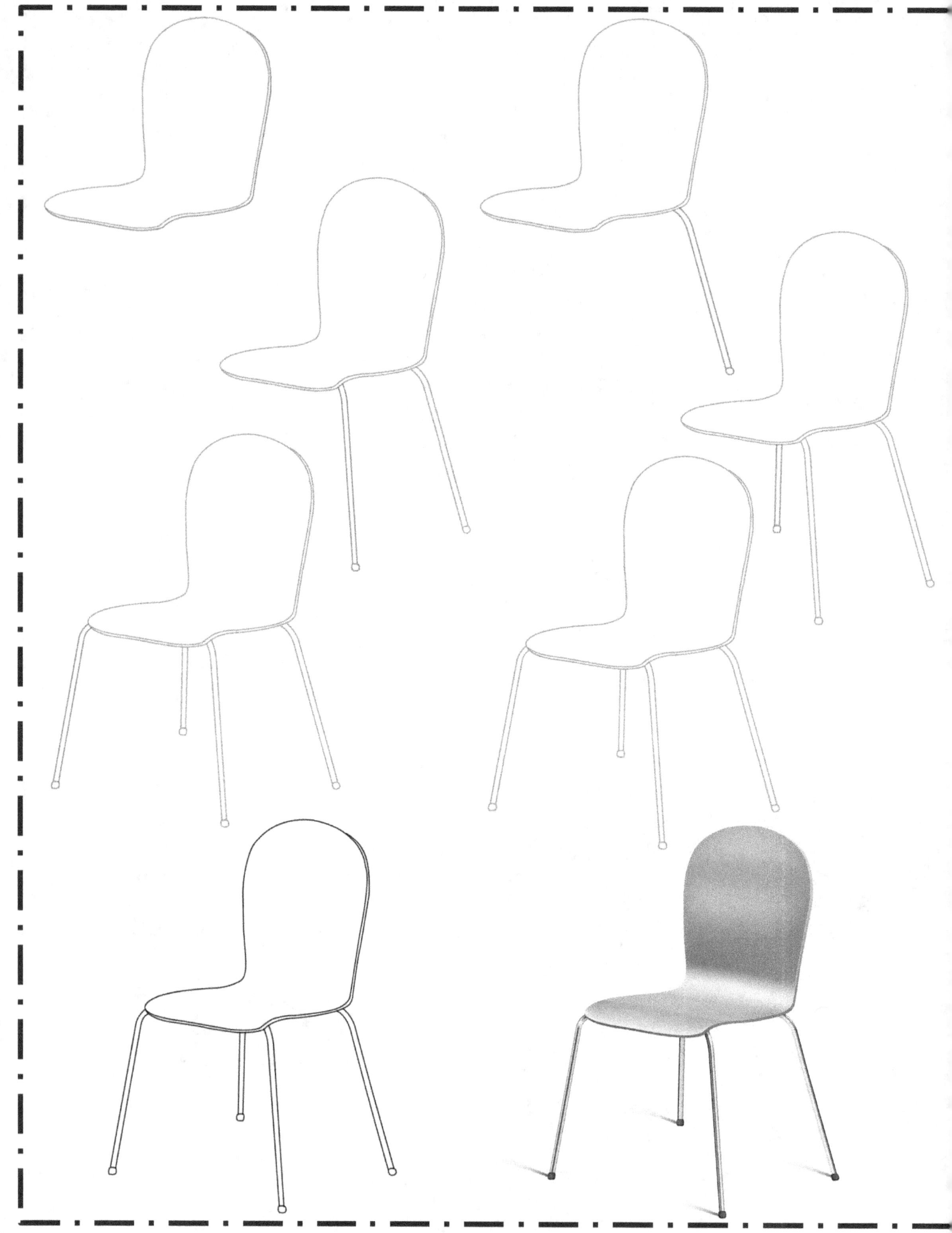

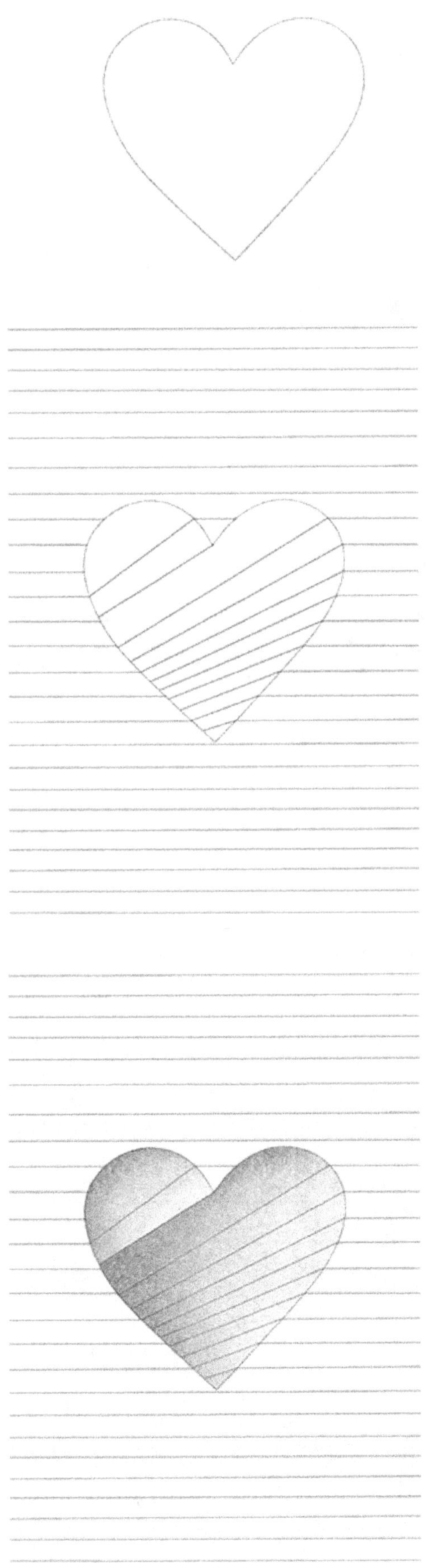

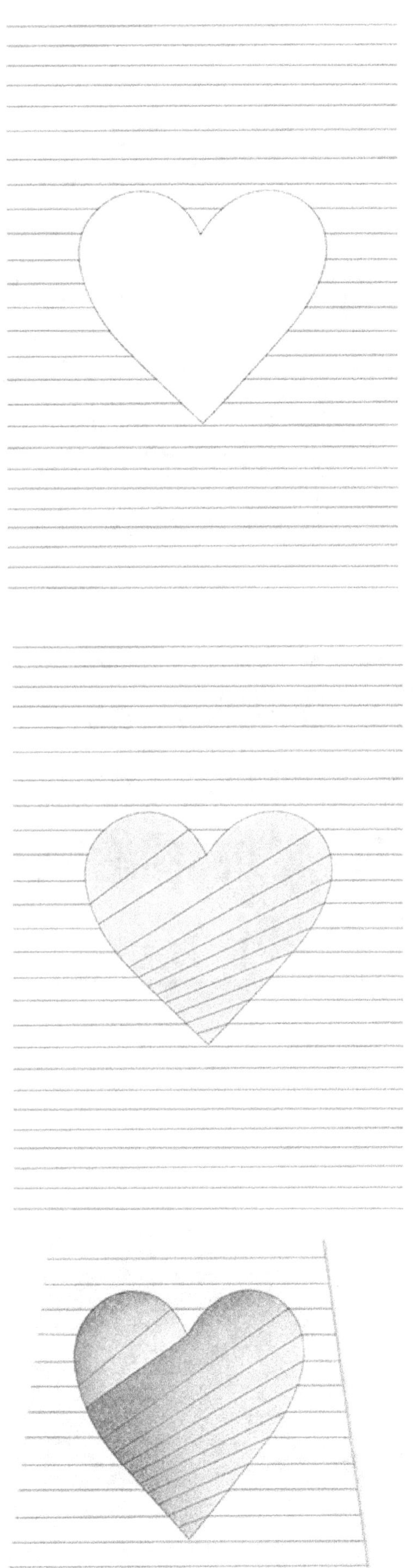

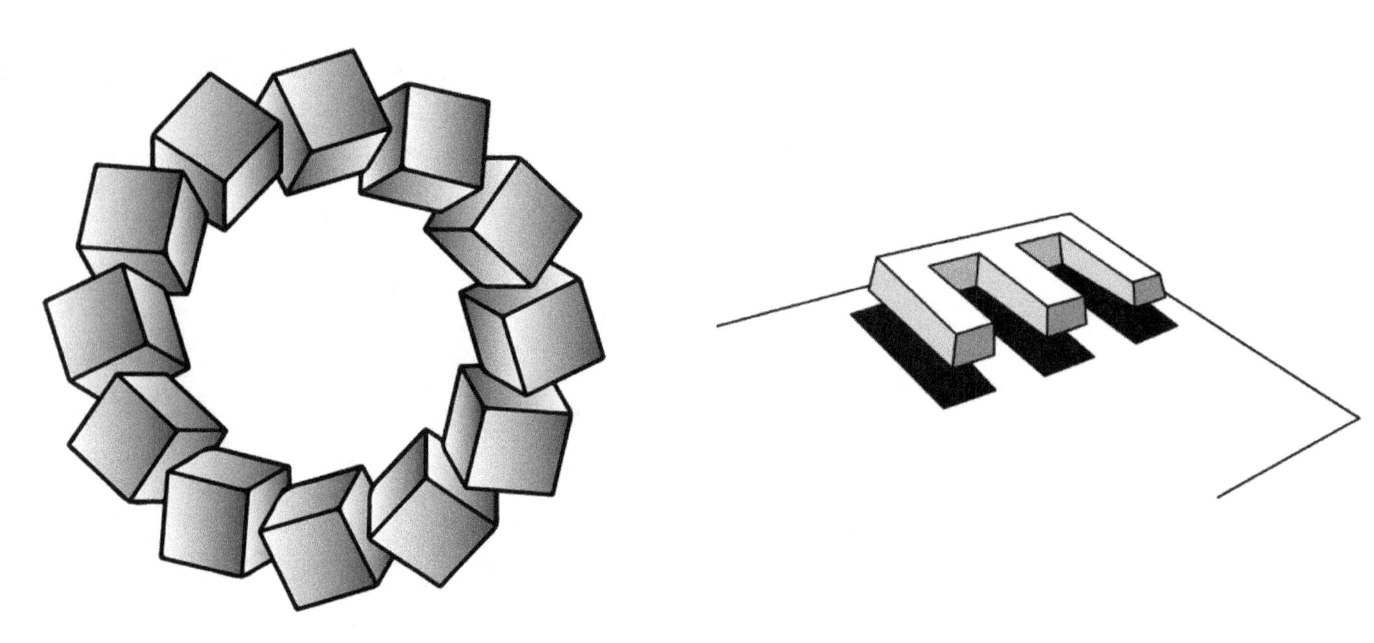

MERCI D'AVOIR CHOISI CE LIVRE. NOUS ESPÉRONS QUE VOUS AVEZ APPRÉCIÉ CHAQUE PAGE DE CE LIVRE ET QUE VOUS AVEZ APPRIS À DESSINER ÉTAPE PAR ÉTAPE ET À CRÉER VOTRE PROPRE ART.

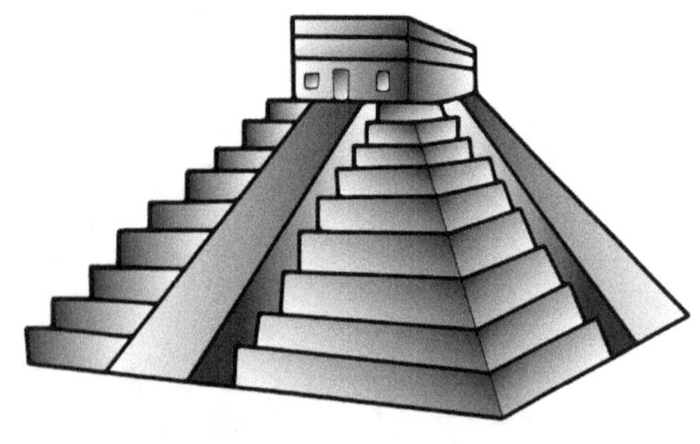

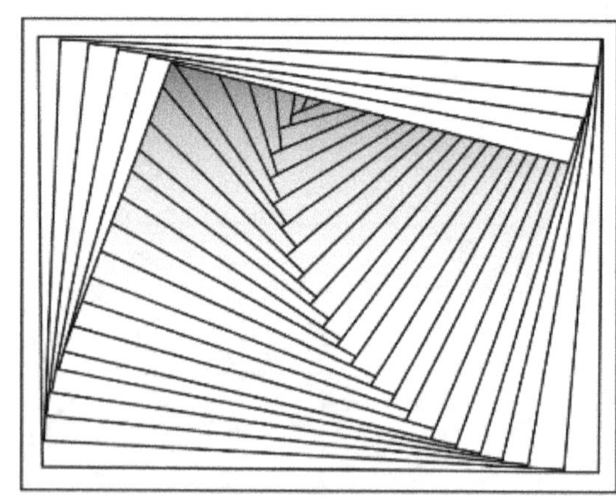

www.ingramcontent.com/pod-product-compliance
Lightning Source LLC
Chambersburg PA
CBHW080220260726
48658CB00008B/2951

* 9 7 9 8 8 7 1 8 7 3 5 2 6 *